대출의 마법

전세부터
매매까지
알면 알수록
많이 받고
싸게 받는

대출의
마법

레오(김은진) 지음

다선북

어떤 상황에서도 부자들은
'레버리지'라는 기회를 이용합니다!

2021년부터 2022년까지 우리 부동산 시장의 거래량은 거의 추락하다시피 급감했습니다. 2020년 상반기에 4만 3478건에 이르던 거래량이 2021년 상반기에는 2만 5829건으로, 다시 2022년 상반기에는 7730건으로 절반 이상 감소했지요. (자료: 서울부동산정보광장) 대체 왜 이런 일이 벌어진 걸까요? 여러 이유가 있겠지만 결정적으로 부동산 담보 대출이 어려워졌다는 점이 가장 큰 영향을 미쳤습니다. 다주택자는 말할 것도 없고 1주택자, 심지어 무주택자까지 지난 5년 동안 대출을 받을 수 있는 한도가 크게 축소되었기 때문입니다.

여러 채를 보유하는 일 자체가 어렵다 보니 추가적인 투자는 전혀 생각할 수 없게 되었습니다. 세를 주던 집 역시 하나둘 정리해 자기 집으로 실입주하는 실거주 수요가 증가함에 따라 전세퇴거자금 대출 문의도 급증했다고 합니다. 이런 어려움 때문일까요? 현재 가장 안정적인 대출 분야는 전세대출이 유일하다고 합니다. 완공된 주택을 보유하지 않은 세대, 즉 무주택 분양권이나 입주권을 보유한 세대가 일단 거주할 곳을 마련하기 위해서는 반드시 받아야 하는 대출이기 때문에 그렇습니다.

또한 최근에는 아파트 매수에 관한 규제가 심해지자 투자자들이 아파트가 아닌 다른 분야로 투자 대상을 다양화하고 있다고 합니다. 주택과 달리 대출 규제가 적은 덕분에 수익형 부동산의 꽃이라 할 수 있는 상가대출이 활성화되고 있고, 주거 대용 상품으로 각광받고 있는 주거용 오피스텔 대출도 상당히 증가했습니다. 아울러 시세 차익용 부동산 투자로 토지에 대한 투자가 증가했다고 합니다. 토지 대출이 증가한 사실이 이를 뒷받침하고요.

마지막으로 최근 2년 동안은 신용대출도 꽤 많이 증가했습니다. 하지만 이는 부동산 매수를 위한 목적이라기보다는, 주식이나 코인 등 부동산이 아닌 다른 투자 상품으로 많이 유입되었습니다.

　　간략하게 최근 몇 년 동안의 대출 트렌드를 정리해 보았습니다. 어떤가요? 주택을 담보로 한 대출은 받기가 여전히 어렵고, 미국의 자이언트 스텝 예고에 따른 금리 인상으로 인해 무주택자와 1주택자, 그리고 다주택자들은 '어떤 대출을 이용해 내 집을 마련하고 투자에 임해야 할지' 머릿속이 무척 복잡다기해졌을 것입니다. 부동산을 매수할 때 우리가 반드시 알아야 하고, 또 살면서 한 번은 반드시 경험해야 할 '대출'에도 철저한 전략이 필요한 시기가 시작되었다는 의미입니다.

　　바로 이런 때에 마침 시기적절한 책이 한 권 나왔습니다. 대한민국 최고이자 유일무이한 부동산 대출 전문가 레오 김은진 대표의 첫 책『대출의 마법』입니다. 자세한 이야기에 앞서, 부동산에 관심을 두고 있는 사람이라면 무조건 일독을 권합니다.

◇◇◇◇◇◇

2022년을 시작하면서 저는 블로그 '빠숑의 세상답사기' 칼럼과 유튜브 채널 '스마트튜브TV'를 통해 2022년 부동산 시장의 가장 큰 이슈는 '대출'이라고 수없이 말씀드렸습니다. 지난 5년간 오락가락했던 부동산 정책의 부작용으로 인해 시장 참여자들이 갖는 부동산 대출에 대한 불안과 우려, 그리고 오해들이 심화되었기 때문입니다. 2021년 8월에는 농협은행을 필두로 일부 은행의 대출 중단 사태가 벌어졌고 이로 인해 혼란이 더욱 가중되기도 했습니다. '이번 년도에는 대출을 절대 받지 못하는 것 아닌가?' 하는 생각에 많은 사람이 잠을 이루지 못했습니다.

바로 그때 저는 긴급하게 '스마트튜브TV' 채널에 레오 김은진 대표를 모시고 확실한 팩트 체크 방송을 진행했습니다. 이때 방송을 보시고 질문을 해주신 많은 분들이 레오 김은진 대표만이 제시할 수 있는 확실한 대출 솔루션을 통해 큰 도움을 받았습니다. '대출도 공부가 필요하다'는 사실을 우리 모두가 절실히 깨달았습니다. 그리고 감사하게도 레오 김은진 대표의 모든 인사이트가 녹아 있는 책이 세상에 나왔습니다.

　　부동산은 실로 종합적인 분야입니다. 여러 요소를 동시에 복합적으로 고려해야 나에게 가장 이상적인 의사결정을 내릴 수 있습니다. 부동산에서 가장 중요한 요소이자 그 출발점은 입지입니다. 그다음으로는 개별적인 상품을 봐야 하고요. 그 이후에 내가 지불할 수 있는 '자금력'을 정확히 파악해야 합니다.

　　하지만 우리가 필요로 하는 자금과 내 경제력 사이에는 늘 괴리가 있습니다. 바로 이 괴리의 간극을 '레버리지'로 메꿔야 하는 것이지요. 레버리지에는 '전세'가 있고 '대출'이 있습니다. 전세도, 대출도 조건에 따라 활용할 수 있는 규모가 달라집니다. 그리고 이 부분이 부동산 투자의 매우 중요한 키포인트입니다.

　　실제로 어떤 지역은 전세를 활용해 투자할 수 없고, 또 전세를 끼고 매수하는 것보다 대출을 받는 편이 더 나은 곳도 있습니다. 대출 역시 지역마다 일으킬 수 있는 규모가 다 다르고, 대출이 나온다고 해도 전세 레버리지만 못한 곳이 있으며, 아예 대출이 불가능한 경우도 꽤 많습니다. 지역과 조건에 따라 '레버리지'를 이용할 수 있는 방법이 다 다르기에, 우리는 반드시 대출을 공부해야 합니다. 대출을 공부하다 보면 가능한 것과 불가능한 것이 선명히 보이고, 불가능하다고 생각했던 것이 가능해지기도 하니까요. 또 그래야 내가 매수할 수 있는 부동산의 범위가 넓어지고, 그렇게 찾은 다양한 선택지 안에서 최상의 결정을 내릴 수 있으니 말입니다.

이 책 『대출의 마법』이 바로 그 방법을 찾을 수 있게 길을 비춰줍니다. 현재 부동산 투자자들은 어떤 방법으로 레버리지를 이용하고 있는지, 그리고 어떻게 지금의 시장과 규제를 활용해 투자를 이어나가고 있는지를 구체적으로 알려줍니다. 은행원도, 공인중개사도 100% 완벽하게 나를 도와줄 수 없는 '대출'이라는 분야에서 스스로 방법을 찾고 정확한 의사결정을 내릴 수 있도록 가장 확실한 정보를 제공합니다. 책을 한 장 한 장 공부하듯 뜯어읽다 보면 '이것이 진정한 실제 시장의 모습이구나!' 하는 생각이 절로 들 것입니다. '그래서 대출 전문가가 반드시 필요하구나!' 하는 깨달음을 얻게 될 것입니다.

◇◇◇◇◇◇

　지난 5년간은 부동산 규제의 시대였습니다. 대출 규제와 세금 규제가 지난 정부가 펼친 부동산 정책의 전부였습니다. 하지만 기회는 난세에 더 빛난다고 하던가요? 그럼에도 불구하고 지난 5년간의 부동산 시장을 되돌아보면 빛나는 기회는 늘 우리 곁에서 반짝이고 있었습니다. 부동산과 관련한 책을 읽고 유튜브도 열심히 찾아보신 분들은 아실 것입니다. 하지만 그때마다 '자금'이라는 녀석이 우리의 발목을 잡았습니다. 자금이 부족한 탓에 번번이 반짝이는 기회를 놓치곤 했습니다.

　세상이 어떻게 변하든 집은, 부동산은 우리 삶에 꼭 필요한 필수재입니다. 가족과의 행복한 삶을 위해 부동산 공부는 언제나 우리 삶 속에서 동행해야 합니다. 그러니 만약 반드시 갖고 싶은 부동산, 진심으로 사고 싶은 부동산이 있다면 '대출'을 더 열심히 공부해 가능한 방법을 찾으셨으면 좋겠습니다. 돈을 마련하느라 시간을 보내는 사이에 그 좋은 기회들이 다 날아가 버린다면 얼마나 억울하겠습니까.

기회를 포착했으나 가진 돈이 부족해 그 기회를 잡을 수 없었다면, 주저하지 말고 이 책을 이용하세요. 규제 지향 정부이든 아니든, 현행 정부가 공인해 준 대출 제도를 최대한 활용하시길 바랍니다. 적어도 대출이 얼마나 나오는지 몰라서 정말 갖고 싶은 부동산을 매수하지 못하는 실수를 두 번 다시 저질러서는 안 되니까요.

더 나은 삶을 위해 열심히 공부하시는 여러분들 곁에서 이 책 『대출의 마법』이 힘껏 도와드릴 것입니다. 마치 과외 선생님처럼 친절하게 방법을 알려주며 여러분의 부동산 능력치를 몇 배는 더 키워드릴 것입니다. 이 책을 통해 여러분의 부동산 의사결정의 범위를 확대하세요. 책을 읽는 순간, 곧바로 여러분의 부동산 대출 인사이트의 스펙트럼이 확실히 달라질 것입니다. 여러분의 꿈이 모두 이루어지기를 간절히 바랍니다!

스마트튜브 부동산조사연구소

김학렬 소장

왜 지금
대출을 공부해야 할까요?

"자신의 집에서 자신의 세계를 가지고 있는 사람보다
더 행복한 사람은 없다." – 요한 볼프강 폰 괴테

인생을 살면서 의식주만큼이나 중요한 것이 또 있을까요? 그중에서도 최근 '주(住)', 즉 집은 우리나라에서 가장 뜨거운 감자였습니다. 내게 가장 안락한 행복을 제공하는 집이, 한편으로는 가장 강력한 자산 증식의 수단으로 떠올랐기 때문입니다.

그렇다면 '자산'이란 과연 무엇일까요? 보통은 '나의 돈(자본)'과 '남의 돈(부채)'을 합한 것을 자산이라고 말합니다. 간혹 어르신 중에는 "남의 돈을 빌리는 게 죽기보다 싫다"라고 말하는 분이 있습니다. 대출을 받으면서까지 무리해서 집을 장만하는 건 분수에 맞지 않는 짓이고, 그렇게 욕심을 부리다가는 한 방에 나락으로 떨어질 수 있다며 으름장을 놓기도 합니다. 그래서일까요? 대체로 우리는 어려서부터 "빚지고 살아서는 안 된다", "저축만이 살길이다"라는 이야기를 수도 없이 들으며 자랐습니다. 그런데 말이지요. 과연 부자들도 그렇게 교육받았을까요?

제가 지금껏 만나본 수많은 부자들은 대출을 지렛대 삼아 사업을 일으키고 부를 일구어왔습니다. 한국 부자들의 현황과 자산 관리 방법을 분석한 KB경영연구소의 「2021 한국 부자 보고서」에 따르면 "자산이 많은 사람일수록 부채 규모도 크다"라고 합니다. 즉, 그들은 '시간'을 써야 할 데와 '돈'을 써야 할 데를 명확히 구분해, 오직 성공을 향해 나아가는 지름길을 개척했기에 부자가 될 수 있었던 것입니다.

그들은 은행에서 최대한 많은 돈을 빌림으로써 자본금을 마련하는 데 드는 '시간'을 아낄 수 있었습니다. 그렇게 단축한 시간 동안 사업 전략을 짜기도 하고, 남들보다 빠르게 자산을 불리기도 했습니다. 물론 그만큼 많은 이자를 감당해야 했겠지요. 하지만 그들에게 그 돈은 아까운 돈이 아니었습니다. 자신에게는 이자 이상의 수익을 거둘 수 있다는 확신이 있었기에 기꺼이 '사용료'를 지불했던 것이지요.

"왜 우리는 은행에 저축만 하고, 부자들은 그 돈을 이용했을까?"

이 책은 바로 이런 물음에서 출발했습니다.

요즘은 '빚을 잘 내는 것'도 능력인 시대입니다. 전세대출과 신용대출을 받을 때는 개인의 신용점수를 중요하게 살피고, 주택을 담보로 대출을 받을 때에도 개인의 소득 수준이 대출 한도를 결정하는 'DSR(165p)'이 적용됩니다. 언론에서는 '빚투('빚내서 투자한다'는 뜻의 은어)'니 '영끌('영혼까지 대출을 끌어모았다'는 뜻의 은어)'이니 하며 최근 2년간의 부동산 광풍 현상을 풍자하지만, 사실은 '빚투'도 '영끌'도 마음껏 할 수 없는 시대입니다. 더욱이 세계 정부는 코로나19 사태를 극복하기 위해 시장에 풀었던 돈을 회수하려는 목적으로 고금리 정책을 펼치고 있습니다. 여러모로 대출받기가 참 팍팍한 세상입니다.

그래서 우리는 더더욱 대출을 공부해야 합니다. 부동산은 당장 동네 슈퍼에서 아이스크림을 고르듯 쉽게 사고팔 수 있는 물건이 아닙니다. 적게는 수천만 원부터 많게는 수십 억 원까지 오가는 돈의 단위가 다르고, 이 돈은 평생을 피땀 흘려 모은 우리의 소중한 자산입니다. 또한 한번 계약을 맺으면 내가 원한다고 해서 쉽게 무를 수도 없습니다. 계약을 파기하는 쪽에서 배액배상(계약금의 두 배를 물어주는 것)의 책임을 져야 하기 때문입니다. 내 집 마련을 위해 받는 주택담보대출도 만기가 30~40년은 기본이니 신중에 신중을 기해야 합니다. '나의 돈'보다 '남의 돈' 비중이 더 큰 부동산 거래에서 그동안 얼마나 심사숙고하며 대출을 이용해 왔는지 한 번쯤 돌아봐야 할 때입니다.

대출로 날아간 3만 평의 땅

제가 대출 업무를 해온 지도 올해로 10년이 되었습니다. 인생을 살면서 가끔 '그때 그 일을 겪지 않았더라면…', '그때 그 사람을 만나지 않았더라면…' 하고 생각하는 순간이 있습니다. 제게는 부동산 공부를 시작한 2012년이 그런 해였습니다. 서울의 명문 여대를 졸업하고 항공사에 취업해 승무원으로 일하는 8년 동안은 삶이 참 순탄했습니다. 당시 제 인생 곡선을 그려본다면 아마도 완만한 상승 그래프를 보이고 있을 것입니다.

그런데 결혼을 하고 사업을 시작하면서 모든 일이 뜻대로 풀리지 않았습니다. 처음으로 인생이 흔들리는 위기가 찾아왔고 제 인생 곡선에도 변곡점이 찾아왔습니다. 사업은 쫄딱 망했고 설상 가상으로 부모님의 귀한 땅이 한순간에 경매로 넘어간 것입니다.

새순이 나는 봄에는 두릅을 따고, 여름에는 아이들과 함께 고기와 감자를 구워 먹던 곳. 가을에는 밤송이가 하도 많이 떨어져서 일일이 까 먹지도 못하고 밟고 다니던 곳. 추운 겨울에는 이불을 둘둘 감싸고 하얗게 떨어지는 눈을 바라보던, 제 인생에서 참 많은 날을 보냈던 그곳이 대출 브로커의 꼬임에 넘어가 경매로 날아가 버린 것입니다.

그맘때 부모님은 땅을 매도하고 싶어 하셨습니다. 하지만 조치원에 세종시가 들어서면서 부모님의 땅은 투기지역과 거래제한 구역으로 묶여 숱한 노력에도 불구하고 쉽게 팔리지 않았습니다. 그런 시골 분들의 마음을 어찌 알았을까요? 누군가가 아버지에게 달콤한 제안을 해왔다고 합니다.

원래는 14억 원 정도를 받을 수 있는 땅인데, 자신들도 각종 규제를 풀어야 해서 골치가 아프니 12억 원에 넘겨달라고 했다는 것입니다. "살 사람이 있을 때 팔아야지"하며 자신들마저도 물러서면 이 땅은 헐값이 될 거라고 겁을 주기도 했습니다. 그러면서 뻔뻔하게 조건을 하나 더 붙였습니다. 이 땅을 담보로 미리 10억 원을 대출받아서 아버지에게 8억 원을 주고, 나머지 2억 원은 자신들이 잠깐 썼다가 잔금일에 4억 원으로 돌려주겠다는 제안이었습니다. [아버지가 담보제공자가 되고 그들이 차주(돈을 빌리는 사람)가 되는 방식이었습니다.]

지금 생각해 보면 말도 안 되는 제안이었지만 당시 대출 브로커들은 시골 땅을 처분하지 못하는 사람들에게 매우 조직적으로 접근했습니다. 아버지는 브로커들의 말에 속아 기어이 멀고 먼 함양까지 내려가 대출을 받아 오셨고, 2억 원을 손에 쥔 일당은 여러분의 짐작대로 달아나 버렸습니다.

결국 그 땅의 근저당권자였던 농협이 이자를 받지 못하게 되자 땅을 경매로 넘기고 말았습니다. 심지어 은행은 채권 금액을 최대한 많이 확보하기 위해 땅을 자기네 마음대로 분할해 경매에 부쳤습니다. 난도질당한 건 땅만이 아니었습니다. 부모님의 마음도 시커멓게 타들어 갔습니다. 낙찰자에게 이사 비용을 달라고 말하기조차 치욕스러웠던 우리 가족은 그렇게 힘없이 땅을 빼앗기고 말았습니다.

'잃어버린 우리 가족의 땅을 경매로 되찾아야지.'

'다시는 빚에 치를 떨지 않겠어!'

그 일을 계기로 저는 경매 공부에 본격적으로 뛰어들었습니다. 작은 인터넷 경매 카페에 가입해 열심히 글을 남기고 활동하다 보니 어느덧 커뮤니티를 관리하는 운영자가 되었고, 회원들이 궁금해하는 질문에 답하기 위해, 열심히 공부해서 지식을 나누었습니다. 그중에서도 사람들은 '대출'에 대해 가장 궁금해했습니다. 자연스럽게 저는 대출에 관한 지식을 쌓으며 대출 상담사와 강사로 활동 무대를 넓히게 되었습니다. "경매는 곧 대출이다"라는 말이 저의 앞날에도 길이 되어주었습니다.

경매를 하는 과정에서 저는 현명한 은행원을 만나 '대출 한도 0원'이 '대출 한도 1억 6000만 원'으로 바뀌는 기적을 경험했습니다. 이렇듯 대출이 누군가의 인생을 천국으로 이끌기도 하고, 지옥으로 몰아넣기도 한다는 걸 저 역시 누구보다 잘 알고 있습니다. 이 책은 저의 첫 책이자, 대한민국에서 최초로 출간되는 부동산 대출 바이블이기도 합니다. 대출의 'ㄷ'자만 들어도 어렵다고 느끼는 여러분을 위해 최대한 쉽고 재미있게 쓰고자 노력했습니다. 10년 동안 매일 수십 명의 고객과 만나며 울고 웃었던 저의 역사가 담긴 책이기도 합니다. 대출 전문가이기 이전에, 대출을 받는 고객의 입장이 되어 생각했던 저의 모든 전략과 노하우를 이제야 모두 풀어놓습니다.

대출로 인생을 역전하는 법

애석하게도 학교에서는 대출을 가르쳐주지 않습니다. 물론 대출은 잘못 사용하면 독이 되지만, 잘만 사용하면 여러분을 부자로 만들어줄 수 있습니다. 저 역시 10년 동안 대출 전문가로 일하면서 참 많은 분을 만났습니다. 그중에도 모든 레버리지 수단을 활용해 재테크에 성공한 '김 과장'이 가장 기억에 남습니다.

제가 김 과장을 처음 만났을 때 그는 5억 원짜리 전셋집에 살고 있었습니다. 그런데 놀랍게도 그 돈이 전부 저축해서 모아온 현금이었습니다. '지금쯤이면 내 집 마련을 해도 되지 않을까?' 하는 생각에 저를 찾아왔지만, 강남 인프라를 누리고 있는 전셋집을 딱히 떠나고 싶은 마음은 없다고 했습니다. 다만 월세를 꼬박꼬박 받으며 안정적으로 생활하는 분들을 보면 부러운 마음이 든다고 고백했습니다.

그의 말을 듣고 나서 저는 이 말 한마디를 건넸습니다.

"김 과장님은 자금을 확보하는 게 우선일 것 같아요."

전세대출을 받으면 전세보증금의 80%까지 자금을 만들 수 있습니다. (당시에는 현금으로 전세를 살고 있었다면 언제라도 전세대출이 가능했습니다. 지금은 입주 후 3개월까지만 전세대출이 가능합니다.) 김 과장으로서는 4억 원을 손에 쥘 수 있다는 뜻이지요. 그렇게 자금을 확보하면 수익형 부동산에 투자할 길이 보입니다. 김 과장은 상가를 사기로 결심했습니다. 전세대출로 받은 4억 원 가운데 2억 5000만 원과, 그 상가를 담보로 받은 사업자대출 5억 5000만 원을 합해서 수익형 부동산 투자에 뛰어들었습니다. 상가에서 발생한 월세 수입은 전세대출과 사업자대출의 이자를 갚는 데 쓰였고, 그러고도 약간의 여윳돈이 남아 그 돈을 저축하며 안정적으로 생활을 꾸려나갔습니다.

또한 김 과장은 전세대출을 받고 남은 돈 1억 5000만 원에 신용대출을 보태서 전세 낀 집을 매수하기에 이르렀습니다. 이른바 '전세 레버리지' 투자를 한 것입니다. 직접 그 집에 들어가서 살고 싶은 마음도 굴뚝같았지만, 자금 사정상 아직은 무리라는 것을 알기에 당분간은 전셋집에 머무르며 미리 집을 사두었다는 것에 만족하기로 했습니다.

그렇게 4년의 시간이 흐른 뒤, 저는 김 과장의 자산 가치가 궁금해졌습니다. 그는 상가와 집 모두 시세가 크게 올라 의기양양했습니다. 현재는 22억 원의 자산가가 되었다고 하네요. '남의 돈'이란 이유로 신용카드도 쓰지 않았던 그가, 전세대출과 사업자대출, 신용대출이라는 세 가지 레버리지를 전략적으로 활용해 성공적인 투자자가 된 것입니다.

어느 재벌이나 연예인의 이야기가 아닙니다. 보통 사람이 불과 4년 만에 '생각의 전환'을 통해 이룬 일이고, 곧 여러분의 이야기가 될 수도 있습니다. 김 과장의 전세보증금 5억 원이 훌륭한 '부의 씨앗'이 되었듯이, 여러분의 소중한 종잣돈도 대출과 만나 크나큰 시너지를 발휘할 수 있습니다.

물론 대출만으로 부동산 투자를 할 수는 없습니다. 어느 정도의 종잣돈은 있어야 하기에, 요즘 청년들이 느끼는 좌절감도 충분히 이해가 됩니다. 하지만 부동산은 시간에 투자하는 상품입니다. 조급함을 내려놓고 천천히 눈을 굴리듯 자산을 불려가길 바랍니다. 그리고 그 첫걸음은 전세대출로 시작할 수 있습니다. 전세보증금의 80%까지 대출을 일으켜 다달이 나가는 월세를 아끼고, 그렇게 아낀 돈으로 종잣돈을 만들어 작은 평수에서부터 내 집 마련의 기쁨을 만끽하는 것입니다.

눈도 연탄재를 섞으면 뭉치기가 더 수월해지듯이, 똘똘한 대출이 여러분에게 연탄재와 같은 역할을 해줄 것입니다. 금리도 오르고 집값도 고점이라서 심란해할 게 아니라, 이런 때일수록 시장을 보는 안목을 기르고 내게 꼭 맞는 레버리지 전략을 세워두어야 합니다.

영원히 오르고 영원히 내리는 금리는 없습니다. 대출을 공부하다 보면 반드시 최적의 투자 타이밍을 포착할 수 있을 것입니다. 다시 한번 강조하지만, 금리가 떨어지고 집값이 다시 상승하는 시기는 '매수할 타이밍'이지 '공부할 타이밍'이 아닙니다. 지금 공부하는 여러분이 미래에 웃을 수 있습니다.

책 한 권이 여러분의 인생 전체를 바꿀 수는 없습니다. 하지만 어느 한 시기의 운명은 좌우할 수 있다고 생각합니다. 부디 이 책이 여러분을 더 높은 곳으로 이끌 수 있기를 소망해 봅니다.

2022년 8월

레오 김은진

차 례

1부 [기본]
복잡한 대출이 쉽고 만만해진다!

1장   대출이 두려운 부린이들이 가장 자주 묻는 질문 6

2장   사회초년생이 가장 궁금해하는 전세대출 기초상식 11

2부 [실전]
별별 대출 고민이 속 시원히 해결된다!

3부 [심화]
똘똘한 대출 전략이 부의 크기를 좌우한다!

7장 월세 투자자가 가장 궁금해하는 비주택담보대출 전략 5

1부
[기본]

복잡한 대출이
쉽고 만만해진다!

1장

대출이 두려운
부린이들이
가장 자주 묻는 질문 6

빚은 많을수록
안 좋은 것 아닌가요?

대출에 대해 맹목적인 환상을 갖는 것도 위험하지만, 그렇다고 빚을 무조건 경계할 필요도 없습니다. 때로는 '빚'이 '밝을 빛'이 되어줄 때도 있기 때문입니다. 빚에는 '좋은 빚'과 '나쁜 빛'이 있습니다. 좋은 빚은 말 그대로 나에게 도움이 되는 이로운 빚입니다. 편안한 보금자리를 구할 때나 미래를 위한 종잣돈을 모을 때 보탬이 되는 빚은 좋은 빛이지요. 조금 더 직접적으로 말하자면, 좋은 빚은 나에게 경제적으로 이득을 주는 빚입니다. 가령 이자로 나가는 돈보다 대출을 활용했을 때 얻는 수익이 더 크다면, 그 빚은 '좋은 수단'이 되었으므로 이로운 빚이라 할 수 있습니다.

여러분의 이해를 돕기 위해 예를 들어보겠습니다. 고길동 씨가 상가에 투자하려고 합니다. 열심히 발품을 판 결과 본인의 마음에도 들고 예산에도 딱 맞는 매물을 하나 찾았습니다.

매매가는 2억 원. 보증금 5000만 원에 월세로 100만 원을 받는 상가입니다. 동네에서 '절약왕'으로 소문난 고길동 씨는 정년퇴직금까지 합쳐서 이미 2억 원의 현금을 확보해 둔 상태입니다. 그런데 괜히 대출을 일으켰다가 월세로 받는 돈 대부분이 이자로 나간다면 너무 아까울 것 같습니다. 고길동 씨는 계산기를 옆에 두고 '대출을 받지 않을 때'와 '1억 원 대출을 받을 때(연 금리 4%, 연 이자 400만 원)'의 투자 수익률을 한번 계산해 보기로 했습니다. 상가 투자의 수익률은 보통 아래와 같은 공식에 대입해 계산합니다.

상가 투자 수익률

$$수익률 = \frac{(월세 \times 12개월) - 은행\ 이자}{매매\ 가격 - (월세보증금 + 은행에서\ 빌린\ 돈)} \times 100$$

대출을 받지 않을 때의 수익률

$$수익률 = \frac{(100만\ 원 \times 12개월) - 0원}{2억\ 원 - (5000만\ 원 + 0원)} \times 100 = 8\%$$

1억 원 대출을 받을 때의 투자 수익률

$$수익률 = \frac{(100만\ 원 \times 12개월) - 400만\ 원}{2억\ 원 - (5000만\ 원 + 1억\ 원)} \times 100 = 16\%$$

　고길동 씨가 '대출을 받지 않을 때'의 투자 수익률은 8%입니다. 반면 '1억 원 대출을 받을 때'의 투자 수익률은 16%가 되었습니다. 1년에 대출 이자로 400만 원을 지출해야 하지만, 세입자에게 받는 월세 1200만 원(100만 원×12개월)에 비하면 저렴한 편입니다. 똑같은 상가를 매수해도 레버리지를 이용하자 수익률이 두 배나 높아진 것입니다. 하지만 세상에는 이처럼 좋은 빚만 있는 것은 아닙니다. '나쁜 빚'도 얼마든지 있습니다. 그래서 어르신들이 '빚'이라고 하면 덮어놓고 싫어하는 건지도 모릅니다.

　제가 생각하는 나쁜 빚은 '소비를 위한 빚'입니다. 외제 차를 타

거나 명품 백을 들기 위해서 신용카드, 캐피털, 신용대출을 이용한다면 그건 해로운 빚을 쓰고 있는 것입니다. "저는 생계를 위해 할부로 화물트럭을 구입했는데요?" 잘하셨습니다. 좋은 빚을 쓰신 겁니다. 하지만 스스로를 과시하기 위해 내 주머니에 있지도 않은 돈을 미리 끌어다 쓴다면 이는 나쁜 빚입니다.

이 밖에도 자신이 감당할 수 없는 수준의 빚은 모두 나쁜 빚입니다. "아이가 마음껏 뛰어다닐 수 있는 넓은 집을 샀어요"라는 이유가 있더라도 상환 능력이 한참 모자란다면 그건 나쁜 빚입니다. 물론 살다 보면 당장 놓치기 싫은 투자처를 만나기도 합니다. 굳이 계산기를 두드리지 않아도 눈앞에서 수익률이 둥둥 떠오르는 그런 물건들이 있습니다. 그렇다고 해서 자신의 월급보다 두 배나 많은 돈을 이자로 지출할 수는 없습니다. 더욱이 그 빚을 언제 청산해야 할지도 모르는 까마득한 상황이라면 더더욱 말리고 싶습니다.

그러니 언제나 '나의 소득'을 기준으로 빚이 적다, 많다를 판단하길 바랍니다. 똑같은 1000만 원을 빌려도 고길동 씨의 월급이 100만 원일 때와 200만 원일 때 느껴지는 부담감은 다릅니다. 그래도 최근에는 대출 규제가 강화된 덕분이라고 할까요? 은행에서도 개인의 상환 능력을 비중 있게 검토하는 편입니다. 하지만 간혹 규제를 피하고자 제1·2금융권(196p)이 아닌 사금융권(비제도 금융권)에서 대출을 알아보는 분들도 많습니다. 제도권을 벗어난 무리한 대출은 꼭 필요한 경우가 아니라면 권장하고 싶지 않습니다.

윤석열 정부 들어 주택담보대출 가운데 혜택이 가장 큰 '생애 최초 주택구매자 대출'(225p)도 집값의 20%는 '내 돈'이 있어야 합니다. 최대 대출 한도가 6억 원이라고 해서 누구나 6억 원을 다 빌릴 수 있는 것도 아니고 개인의 소득, 즉 DSR(165p)에 따라 최종 한도가 결정됩니다. 이 말은 곧 근로 소득과 저축 없이는 대출로 부의 추월차선에 오를 수 없다는 의미입니다. 좋은 빚을 잘 활용해야 한다는 것만큼이나 나의 자산 기반이 탄탄해야 한다는 사실도 절대 잊지 말기를 바랍니다.

이자로 나가는 돈이
아깝지 않은가요?

이자만 낸다고 생각하면 당연히 아깝습니다! 괜히 생돈 나가는 게 아닌가 싶기도 하고 말이지요. 하지만 '이자 이상의 수익'을 거둘 수 있다면 어떨까요? 아깝다는 생각보다는 얼마나 더 이득을 얻게 되는지에 관심이 향할 것입니다.

"집을 산다면 시세 차익을 거둘 수 있겠지만 저는 전세대출을 받아 전셋집에 살고 싶은걸요?"

물론 이렇게 말하는 분들도 있습니다. 저는 자취를 하는 사회초년생이 종잣돈을 빠르게 모으고 싶다면, 전세대출을 이용해 전세로 거주하라고 말합니다. 하지만 그 전에 이 말부터 짚고 넘어가야겠습니다.

"절대로 전세 살지 말라!"

부동산에 관심을 두다 보면 한 번씩은 듣게 되는 말입니다. 그런데 이 말을 '전세는 무조건 살아서는 안 된다'라고 해석하는 분들이 있습니다. 그 앞에 생략된 전제 조건을 파악하지 못한 것이지요.

"내 현금을 100% 전셋집에 묶어둔 채,

절대로 전세 살지 말라!"

주식이든 부동산이든 연금저축펀드든 나의 소중한 자산을 '가치가 상승할 곳'에 투자하라는 의미입니다. 당신이 가진 소중한 현금을 전부 전세보증금으로 묶어두기엔, 이 세상에 돈을 불릴 기회가 너무나도 많기 때문입니다. 전셋집에 살다 보면 오르는 것이라곤 '2년 뒤 전세보증금'뿐입니다. 심지어 제가 만난 고객 중에는 "좋은 집주인 때문에 망했다"라고 하소연하는 분도 있었습니다.

10년 동안 단 한 번도 전세보증금을 올려 받지 않은 집주인 탓에 집을 사야 한다는 필요성을 전혀 느끼지 못했고, 결국 '벼락거지'가 되었다며 한탄했습니다. 그렇기에 수많은 재테크 고수들은 현금을 전셋집에 묻어둔 여러분이 안타까웠던 것입니다.

그래도 전세와 매매 사이에서 고민하는 분들은 사정이 좀 더 나은 편입니다. 사회초년생 중에는 전세와 월세 사이에서 방황하는 분들이 많습니다. 모아둔 목돈이 없는 만큼 보증금이 적은 월세 쪽으로 마음이 기우는 것이지요.

이제 막 취업에 성공한 고길동 씨를 만나볼까요? 중소기업에 입사한 그는 본가가 있는 서울이 아닌 대전에서 자취방을 구하고 있습니다. 미리 선배에게 추천받은 지역을 중심으로 빌라와 오피스텔을 샅샅이 뒤졌습니다. 그리고 마침내 예산에 맞는 두 가지 후보지를 추렸습니다.

'후보 1'과 '후보 2'는 소재지도 같고 옵션도 동일하며 월 관리비도 똑같은 집입니다. 만약 고길동 씨가 후보 1의 전셋집을 고른다면 전세대출을 받아야 합니다. 그가 입사한 회사는 중소기업이기 때문에 정부 상품인 '중소기업취업청년 전세대출'(82p)도 받을 수 있습니다. 정부 상품은 금리가 낮다는 장점이 있습니다. 대출한도는 전세보증금의 80%까지 나오기에, 고길동 씨는 1억 2000만

후보 1. 전세 1억 2000만 원 투룸

다가구 ·2층

전세 1억 2,000 (793만원/3.3㎡)

해당층/총층: 2/3층 | 방 2개 | 남향 | 공급/전용 면적:50㎡/50㎡

매물정보   ↻ 평

소재지	대전시 유성구 원신흥동		
매물특징	흥도초등학교인근 가성비좋은 2룸		
공급/전용면적	50㎡/50㎡(전용률100%)		
해당층/총층	2/3층	방수/욕실수	2/1개
월관리비	3만원	관리비 포함	인터넷, TV

[출처: 네이버 부동산]

후보 2. 월세 50만 원 / 보증금 1000만 원 투룸

일반원룸 ·3층

월세 1,000/50

해당층/총층: 3/3층 | 분리형/단층 | 전용 면적:49.5㎡

매물정보   사진   ↻ 평

소재지	대전시 유성구 원신흥동		
매물특징	ㅅㅅ원신흥초인근 싸이즈 금액 집컨디션 너무 좋은 투룸입니다		
공급/전용면적	52.8㎡/49.5㎡(전용률94%)		
해당층/총층	3/3층	방수/욕실수	2/1개
월관리비	3만원	관리비 포함	인터넷, TV

[출처: 네이버 부동산]

원 중 9600만 원을 대출받을 수 있습니다. 물론 나머지 2400만 원은 현금으로 갖고 있어야 하지요. 다행히 고길동 씨는 취업을 준비하며 틈틈이 아르바이트를 해둔 덕분에 무리 없이 입주할 수 있는 상황입니다.

그렇다면 후보 2의 월셋집은 어떨까요? 월세보증금 1000만 원은 모아둔 현금에서 해결할 수 있습니다. 문제는 다달이 내는 월세입니다. "전세대출을 받아도 이자를 내잖아요?" 물론 맞는 말입니다. 그럼 이제 이자가 얼마나 나오는지 계산해 보겠습니다.

고길동 씨가 받는 중소기업취업청년 전세대출의 금리는 연 1.2%입니다(2022년 8월 기준). 대출 원금 9600만 원에 금리 1.2%면 1년에 갚는 총대출 이자가 115만 2000원이고, 이를 열두 달로 나눈

이자 계산기

적금   예금   **대출**   중도상환수수료

대출금액 ［　　　96,000,000 원　　　］
9,600만원

대출기간 ［년］［개월］［　1 년］ 연이자율 ［1.2 %］

상환방법 ［원리금균등］［원금균등］［만기일시］

대출원금	96,000,000 원
총대출이자	1,152,000 원
총상환금액	97,152,000 원

[출처: 네이버 이자계산기]

9만 6000원씩을 매달 갚으면 됩니다.

　보통 전세대출은 다달이 이자만 갚습니다. 원금은 만기에 일시 상환하는 만기일시(191p) 상환 방식을 따릅니다. 즉, 은행에서 빌린 돈을 집주인에게 보증금으로 보낸 뒤, 이를 만기 시점에 돌려받으면 고스란히 다시 은행에 돌려주기만 하면 됩니다. 따라서 전세대출을 받은 고길동 씨는 매달 이자로 9만 6000원만 부담하면 됩니다. 월세가 50만 원인 데 비하면 상당히 경제적인 선택이지요.

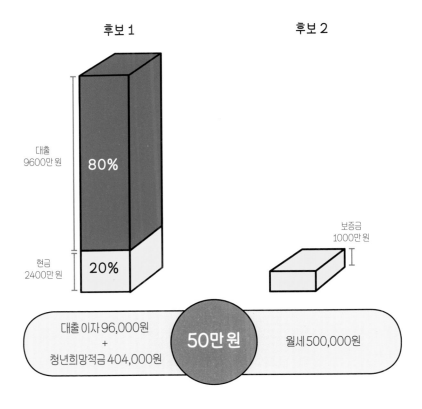

그렇게 매달 약 40만 원을 아껴서 청년희망적금에 붓는다고 생각해 보세요. 매달 쌓이는 원금에 저축이자와 저축장려금까지 챙긴다면 미래를 위한 종잣돈을 훨씬 더 빠르게 모을 수 있습니다.

주택을 매수할 때도 마찬가지입니다. 매달 갚는 대출금의 합보다 주택으로 거두는 시세 차익이 더 크다면 이자가 전혀 아깝지 않을 것입니다.

실거래가			매매	전/월세	전체
	계약일		거래	가격	층
2021	07.21		매매	5억 4,000	5층
	03.06		매매	4억 2,000	4층
	02.17		매매	3억 300	4층
2020	06.30		매매	3억 4,500	6층

[출처: 호갱노노]

가령 2020년 6월에 매매가 3억 4500만 원짜리 주택을 매수했다고 가정해 봅시다. 실거래가는 1년 만인 2021년 7월에 약 2억 원 상승했습니다. 그렇다면 그동안 이자는 얼마나 나갔을까요?

이자 계산기

적금   예금   **대출**   중도상환수수료

대출금액   **200,000,000** 원
                              2억원

대출기간   [년] 개월   **30** 년   연이자율   **4** %

상환방법 [원리금균등] 원금균등 만기일시

대출원금   **200,000,000** 원
총대출이자   **143,739,013** 원
총상환금액   **343,739,013** 원

1회차 상환금액   **954,831** 원
                              월별 더보기 >

[출처: 네이버 이자계산기]

2억 원을 4% 금리로 빌렸다고 가정하고 계산을 해봐도 충분한 이익임을 알 수 있습니다.

1회차 상환금액 95만 4831원 × 12개월 = 1145만 7972원

▼

1년 상환금액 1145만 7972원 vs. 시세 상승 2억 원

주택담보대출의 1회차 상환금액에는 이자(약 65만 원)와 원금(약 30만 원)이 포함돼 있습니다. 따라서 원금은 '적금하는 돈'이라

고 생각하면 이익이 더 커집니다. 물론 미래에 가격이 오를 주택을 고르는 안목도 중요합니다. 그런 점은 차치하고서라도 2년마다 전세보증금을 올려주거나 이사 갈 걱정을 하지 않아도 되고, 인테리어도 내 마음대로 할 수 있다는 점에서 주택담보대출은 오히려 혜택이 크다고 말할 수 있습니다.

세상에 절대적으로 좋고 절대적으로 나쁜 것은 없습니다. 이자를 무조건 아깝다고만 생각한다면 놓치게 되는 기회비용이 많습니다. 아직도 '매달 이자를 내야 한다니, 내 삶이 정말 궁핍해지겠군!'이라고 생각하고 있나요? 그런 맹목적인 걱정보다는 '이자를 내면서 내가 얻는 건 무엇인지'를 더욱 깊고, 꼼꼼하게 따져 보시길 바랍니다. 합리적으로 판단했을 때 나의 이익이 더 분명한 쪽으로 여러분의 마음이 향했으면 합니다.

03

그렇게 큰돈을 빌리면
언제 다 갚나요?

보통 우리는 전세 계약을 하거나 생애 첫 주택을 매수하면서 처음으로 억 단위의 대출을 받게 됩니다. '100만 원 모으기도 힘든데 이렇게 큰돈을 빌려야 하다니…' 덜컥 겁이 나는 것도 당연합니다. '내가 살아생전에 이 돈을 다 갚을 수 있을까?' 하고 마음이 착잡해지는 것도 이해합니다. 실제로 제가 현장에서 만난 분들 모두 같은 마음이었으니까요.

"우대금리를 받으시려면 신용카드를 만드는 게 좋아요."

"그럼 이 신용카드를 얼마나 사용해야 하나요?"

"대출받는 기간 동안 사용하셔야 해요."

"네? 그럼 35년이나 이 신용카드를 써야 한다고요?"

보통 주택담보대출은 최대 상환기간이 30~40년입니다. 30대에 빌려도 정년퇴직 전에 다 갚지 못할 확률이 높은 셈이지요. 그렇기에 한 달에 상환하는 금액을 높여서라도 20년 만기로 대출을 받으려는 분들이 많습니다. 그런데 저는 이렇게 말씀드리고 싶습니다.

"그 집에서 한 번도 이사를 가지 않을 건가요?"

물론 평생 살고 싶은 집을 찾아서 한 번에 정착할 수 있다면야 더없이 좋을 것입니다. '내게는 너무 가치 있는 집이라 35년 동안 절대 팔지 않을 거야!' 이런 생각을 하는 분들이 아예 없다고는 장담할 수 없습니다. 하지만 예산에 맞춰서 구한 나의 첫 집이라면, 대개는 어느 정도 살다가 마음이 바뀌기 마련입니다.

'아기가 태어나기 전에 더 큰 집으로 이사 가고 싶어.'

'아이가 유치원만 들어가도 이사 가기 싫어한다던데….'

'중학교 입학 전에는 학군지로 옮겨야 하지 않을까?'

이처럼 생애주기에 따라 첫 집을 매수할 때는 보이지 않던 것들이 눈에 들어옵니다. 제 고객들을 가만히 살펴보면 대개 3년 주기로 이사를 꿈꿉니다. 그러니 지금 이 집에서 평생 살겠다는 생각은 일단 접어두셔도 좋습니다.

대출은 '렌털 서비스'의 개념으로 접근하는 편이 좋습니다. '이자'라는 사용료를 내면서 잠시 '원금'을 빌려 쓰는 것입니다. 예컨대 고길동 씨가 A 아파트를 매수하며 은행에서 돈을 빌렸습니다. 매달 이자와 원금을 함께 갚아나갈 것입니다. 그러다가 식구가 늘면서 B 아파트로 이사를 가고 싶어졌습니다. 부동산에 매물을 내놓았고, 마침 마이콜이 A 아파트를 사겠다고 합니다. 고길동 씨는 이제 A 아파트를 사며 빌렸던 대출금을 갚아야 합니다. 무슨 돈으로 갚을까요? 마이콜에게 받기로 한 집값을 은행에 가져다주면 됩니다. 그럼 B 아파트는 무슨 돈으로 사느냐고요? 다시 B 아파트를 담보로 은행에서 새로 돈을 빌리면 되는 것이지요. (다만 고길동 씨가 평수를 넓히거나 상급지로 갈 계획이라면 돈을 더 모아두어야 했겠지요?)

그러니 '이 큰돈을 언제 다 갚지? 앞으로 35년이나 남았는데…' 하는 생각에 너무 짓눌리지 말고, 그저 원금을 잘 쓰다가 은행에 온전히 돌려준다고 마음 편히 생각하세요. 마치 정수기 렌털 서비스를 이용할 때처럼 말이지요.

우리는 시쳇말로 이런 농담을 하곤 합니다. "이 집에서 현관만 제 것이에요. 나머지는 은행 지분이죠." 그런데 저는 꼭 그렇게 생각하지 않습니다. 처음에는 현관만 내 몫이었어도, 점차 시세가 상승하면서 화장실, 작은방, 안방, 베란다까지 내 지분도 함께 늘어난다고 생각합니다. 물론 살다 보면 집값이 하락하는 조정기가 올 수도 있습니다. 하지만 매도하기 전까지는 손실 확정도 아닙니다. 편안한 집에 머무르면서 다음 상승장을 기다리는 것도 좋은 전략입니다.

간혹 "회사에서 인센티브를 받았는데요. 대출금 갚는 데 써야겠지요?"라고 묻는 분들이 있습니다. 또 요즘에는 반대로 "유튜브에서 배웠는데 대출은 갚는 게 아니라던데요?" 하는 분들도 있습니다. 이 질문에 정답은 없습니다. 대출 조건에 중도상환수수료가 있다면 무턱대고 갚는 게 좋지 않을 수도 있습니다. 중도상환수수료가 1%만 돼도 3억 원을 빌렸을 때 300만 원이 수수료로 나가기 때문입니다. 이럴 때는 다른 투자처를 찾는 게 더 나을 수도 있습니다. 하지만 뾰족한 투자처 없이 돈을 통장에 묵히고만 있다면, 대출은 갚고 이자로 지출되는 비용을 줄이는 게 더 현명한 선택일 수 있습니다. 즉, 개인의 상황에 따라 다른 답변을 드릴 수 있는 것이지요.

다만 상환하지 않는 게 확률적으로 더 유리한 대출은 있습니다. 첫 번째는 전세대출입니다. 요즘에는 전세대출을 입주 시점으로부터 3개월 이내에만 받을 수 있습니다. 한번 상환하고 나면 더 이상 같은 집에서는 연장 시점까지 받을 수 없는 대출인 셈이지요. 또한 전세대출을 상환한다는 것은 '내가 가진 현금, 즉 종잣돈을 100% 전셋집에 묶어둔다'는 의미입니다. (앞서 '절대로 전세 살지 말라'에서 말씀드렸지요?) 전세로 살면서 청약에 도전하는 분들이 참 많은데요. 물론 청약에 당첨되고 계약금을 지불할 여력이 된다면 문제가 없습니다. 하지만 나의 종잣돈을 모두 전세대출금을 갚는 데 써버린다면, 심지어 '두 번 다시 쓸 수 없는 찬스'마저 날려버린다면 매우 안타까울 것입니다.

상환하지 않는 게 더 유리한 두 번째 대출은 '생활안정자금대출'(297p)입니다. 생활안정자금대출은 내가 보유한 주택을 담보로 지역별 LTV 한도 내에서 1년에 2억 원을 빌려주는 상품입니다. [전세 세입자를 내보내는 전세퇴거자금(305p)도 생활안정자금대출에서 파생된 상품입니다.] 단, 생활안정자금대출은 1년에 2억 원이라는 상한선이 있고, 매년 한도가 부여되므로 이런 대출을 상환할 때는 신중하기를 바랍니다.

마지막으로는 마이너스통장(239p)이 있습니다. 마이너스통장은 해지와 개설이 자유롭습니다. (마이너스통장에서 '상환'은 통장의 한도를 줄이거나 없애는 일을 뜻합니다.) 이는 실생활에서 굉장히 유용하게 쓸 수 있는 대출 상품이기 때문에 구태여 한도를 줄일 필요는 없습니다. 특히 카드값이 연체될 위기에 처했을 때나 경매 입찰보증금(경매 입찰 시 입찰 참가자에게 요구하는 보증금)을 준비해야 할 때는 마이너스통장이 구세주가 될 수 있습니다.

이렇듯 대출은 무조건 갚아야 할 '숙제'가 아닙니다. 상환 여부를 판단할 때에는 나에게 더 유리한 쪽이 무엇인지를 숙고해야 합니다. 여윳돈이 생겨서 빚을 일부 상환하고 싶다면, 일단 금리가 높은 상품부터 정리해 가기를 바랍니다. 고금리 대출을 저금리 상품으로 갈아타는 것도 한 방법입니다(247p). 반면 금리가 낮아서 혜택이 큰 상품이거나, 다시 이용하는 데 제약이 있는 상품, 실생활에 유용한 대출이라면 만기 전에 갚지 않는 게 도움이 됩니다.

주거래 은행에서 알아서 해줄 텐데
꼭 공부해야 하나요?

여러분에게 '주거래 은행'은 어떤 의미인가요? 혹시 나의 월급이 입금되는 은행 아닌가요? 우리가 대출을 공부하기로 마음먹은 이상, 주거래 은행의 의미도 달라져야 합니다. 이제부터 주거래 은행은 '나에게 유리한 조건을 제시하는 은행'입니다. 월급통장이 있다고 해서, 이체 수수료를 깎아준다고 해서 주거래 은행이라고 여겨서는 안 됩니다.

우리는 대출을 받기 위해 은행에 방문합니다. 그리고 창구에

앉아 있는 직원과 마주하게 되지요. 대출에 대해 아무것도 모른 채 은행에 방문하면 직원의 안내에 따를 수밖에 없습니다. 당연히 그래야 하는 것 아니냐고요? 사실 우리가 은행에 기대하는 것과, 은행이 우리에게 해줄 수 있는 것 사이에는 큰 괴리가 있습니다.

먼저 은행원은 우리에게 상품을 비교해 주지 않습니다. 우리는 각자의 상황에 맞는 일대일 맞춤형 상담을 받길 원합니다. 하지만 은행원들은 그럴 시간도 없고, 그런 역할에 특화된 인물들도 아닙니다. 그들은 은행에서 취급하는 모든 상품의 세부 규정을 달달 외운 뒤 고객을 설득하는 임무를 맡지 않았습니다. 그보다는 고객들이 제출한 자료를 전산에 오류 없이 입력하고, 대출 진행에 차질이 없도록 힘쓰는 역할을 담당합니다. 즉, 우리는 "고객님은 금리 몇 퍼센트에 한도는 얼마입니다. 하지만 고객님은 부모님과 같은 세대로 묶여 있으니 이 방법을 쓰시면 한도를 더 늘릴 수 있습니다. 이렇게 한번 해보실래요?"와 같은 설명을 바라지만, 실제로는 "대출 승인이 나야 자세한 내용을 말씀드릴 수 있습니다"라는 답변만 들을 수 있다는 것입니다.

또한 우리가 마주하는 은행원들은 모두 회사원입니다. 자신이 근무하는 회사의 상품이 아닌 다른 은행의 상품에 대해서는 잘 알지 못할뿐더러, 설사 안다고 해도 제 발로 찾아온 고객을 "다른 회사(은행)에 가는 게 더 유리하다"라며 돌려보내지 않을 것입니다. 그렇기에 주거래 은행 한 곳에서 추천해 준 상품을 수동적으로 이용할 게 아니라, 더 나은 조건을 찾아 자신이 직접 적극적으로 움직여야 합니다. 스스로 대출을 공부하고 원하는 바를 은행원에게 분명하게 제시할 수 있어야 합니다.

전세대출은 보통 만기가 2년으로 짧습니다. 하지만 주택담보대출은 만기가 30년부터 50년까지 다양합니다. 물론 한 집에서 50년을 꽉 채워 살지는 않으리란 걸 잘 알고 있습니다. 그래도 매년 이사를 다니지 않는 한 그 집에서 수년은 살게 될 것입니다. 만약 은행을 잘못 선택해 대출 금리가 0.3% 더 높다면, 원금이 3억 원일 때 1년 이자로만 약 90만 원을 더 내야 합니다. 또한 아파트 1층을 매수한다거나 추후에 전세 세입자를 들일 계획이 있을 때 등등 특수한 상황에서 은행마다 유리한 조건도 따로 있습니다 (66p). 따라서 은행을 선택하고 대출을 신청할 때는 후회하는 일이 없도록 신중해야 합니다.

다만 무조건 낮은 금리를 제시한다고 해서 좋은 것은 아닙니다. 은행별로 신용카드 사용, 애플리케이션 설치 등 여러 조건을 앞세워 우대금리를 권하지만, 부수 거래가 많은 것이 오히려 손해일 때도 있습니다. 어차피 쓸 신용카드라면 은행만 바꿔서 금리를 낮추는 게 유리할 수 있습니다. 하지만 대출 원금이 1000만 원인데 금리를 0.1% 깎아보겠다고 안 쓰던 신용카드를 매달 수십만 원씩 써야 한다면 이는 비합리적인 거래입니다. 대출 금액이 적을 때에는 불필요한 지출을 하면서까지 금리를 깎을 필요는 없습니다.

은행에 방문해서 은행원들과 상담할 때에는 가급적 자신의 정보를 많이 공개하는 편이 좋습니다. 정보가 미비해 보완 서류를 제출하면 시간을 지체하는 동안 금리가 소폭 상승할 수 있기 때문입니다. 특히 서민 실수요자 대출(221p)이나 버팀목 전세대출(82p) 등 자격 요건이 까다로운 상품을 이용할 때는 정보가 구체적일수록 더 유리한 조건을 안내받을 수 있습니다.

대출을 알아봐야 하는
시기는 언제인가요?

대출을 알아봐야 하는 시기는 사람마다 다릅니다. 전세대출인지 주택담보대출인지에 따라 다르고, 규제의 영향을 받는 시점인지 금리가 변동되는 시점인지에 따라 유리한 타이밍도 제각각 다릅니다. 그래도 최소한 부동산을 돌아보기 전에는 자금 계획을 세워야 하므로, 자신의 대출 한도 정도는 파악해 두는 편이 좋습니다.

먼저 주택담보대출을 받는 경우입니다. 매매 계약서를 작성했다면 이제는 은행을 선택해야 할 차례입니다. 대출 신청은 보통 잔금일(대출 실행일)로부터 3개월 전에 할 수 있고, 늦어도 1개월 전에는 은행에 방문해야 합니다.

최대한 빨리 신청하는 게 유리한 경우는 언제일까요? 현재 투기과열지구(155p)에서는 15억 원 초과 아파트에 대한 주택담보대출이 전면 금지되어 있습니다[생애최초 주택구매자 대출(225p) 제외]. 그런데 아슬아슬하게 아직 그 선을 넘지 못한 단지들이 있습니다. 주택담보대출의 한도를 결정하는 건 매매가가 아닌 'KB시세'(149p)인데, 실제로 거래된 가격이 15억 원을 넘었어도 국민은행에서 발표한 KB시세가 15억 원 이하라면 대출이 가능합니다. KB시세는 꾸준히 우상향하므로 아슬아슬하게 15억 원을 넘지 않은 때에는 1~2주 사이에 희비가 엇갈릴 수 있습니다. 이런 경우에는 3개월 전부터 대출 신청을 받아주는 은행에 찾아가는 편이 좋습니다. 또한 대출 규제가 불리하게 바뀔 것으로 예상될 때도 최대한 빨리 은행에 방문해 규제 전 조건으로 대출을 신청하는 것이 유리합니다.

물론 반대의 경우도 있습니다. 최대한 대출을 많이 받는 방법인데요. 이때는 KB시세가 높으면 높을수록 유리하기 때문에, 대출 실행일 한 달 전쯤에 은행을 방문해 대출을 신청하는 것입니다. 하지만 그렇다고 해서 한없이 늦게 찾아가서는 안 됩니다. 자신은 서류를 완벽하게 준비했다고 생각해도 은행에서 보완 요청을 할 수 있기 때문입니다. 서류의 유효기간을 챙기지 못하는 등의 크고 작은 돌발 변수가 있을 수 있습니다. 따라서 늦어도 한 달 전에는 꼭 은행에 방문해야 합니다.

다음은 전세대출입니다. 전세대출은 보통 한 달 전에 신청하도록 권장됩니다. 전세대출에서 '보증인'의 역할을 하는 한국주택금융공사(HF), 주택도시보증공사(HUG), 서울보증(SGI)의 보증서가 잔금 한 달 전에 발급되기 때문입니다. 그런데 만약 자신의 조건이나 계약한 집의 상태에 어딘가 불안한 구석이 있다면 미리 대출 상담사나 은행원을 통해 서류 점검을 요청해도 좋습니다.

실제로 전세대출을 신청한 뒤 은행의 승인을 받지 못해 다급히 저를 찾아온 고객이 있었습니다. 그의 발목을 잡은 건 신용점수였습니다. 전세대출을 심사할 때는 신용점수도 큰 비중을 차지합니다. 준비성이 철저했던 그 고객은 전세 계약을 맺기 전, 자신의 신용점수에 문제가 없다는 것을 확인해 둔 상태였습니다. 하지만 대출 신청 직전에 받은 신용대출이 화근이었습니다. 그나마 다행인 건 고객이 넉넉한 시간을 두고 전세대출을 신청했다는 점이었습니다. 신용대출을 일부 갚으면서 서서히 신용이 회복될 시간을 확보할 수 있었지요. 이처럼 전세대출을 받을 때에는 개인의 신용에 영향을 미칠 만한 행동은 최소화하는 게 좋습니다. 더불어 나의 신용점수가 가장 높고 소득이 가장 많은 시기에 대출을 신청하는 것도 하나의 전략이 될 수 있습니다.

이 밖에도 많은 분들이 이용하는 '안심전세'(96p)는 전셋집의 계약일과 잔금지급일이 14일 이상 차이가 나야 신청이 가능합니다. 즉, 은행과 보증기관에서는 얼마간의 심사 기간이 필요하므로, 잔금지급일까지 시일이 너무 촉박한 전세대출은 아예 심사 대상에서 제외하겠다는 뜻입니다. 그 외의 전세대출상품도 은행에 따라서는 입주일로부터 2주가 남지 않은 시점에서는 대출 신청을 아예 받지 않겠다는 곳도 있습니다.

그렇다면 한번 대출을 신청하고 나면 은행이나 한도를 바꿀 순 없을까요? 물론 두 가지 모두 바꿀 수 있습니다. 대출 승인을 의미하는 기표가 떨어지기 전까지는 가능한 일입니다. 다만 금액을 수정하려면 다시 심사를 거쳐야 하므로, 처음부터 원하는 금액과 은행을 잘 선택해서 신청하는 것이 좋습니다. 당부드리고 싶은 점은 너무 심사숙고하면서 시간을 끌지 말라는 것입니다. 또한 더 나은 선택지를 발견했을 때에는 지체 없이 움직여야 합니다. 앞에서도 강조했듯이 '대출'이라는 한 번의 선택은 여러분의 인생에 오랜 시간 영향을 미칩니다. 늦어도 한 달 전에는 대출 신청을 완료해 혹시 모를 상황에 대비하기를 바랍니다.

복잡한 대출을
쉽게 이해할 수 있을까요?

LTV, DSR, 근저당, 적격대출…. 대출 분야에는 낯선 용어가 참 많이 등장합니다. 그리고 이런 용어들이 대출을 공부하는 데 큰 장애물이 되기도 합니다. 하지만 자잘한 용어 하나하나에 집착할 필요는 없습니다! 각각의 용어는 '담보'가 무엇이고, '차주'가 누구인지에 따라서 쓸모가 다르기 때문입니다.

    가령 전세대출을 받을 때에는 요즘 언론에서 가장 자주 등장하는 'DSR'을 몰라도 됩니다. 반대로 주택담보대출을 받을 때에는

'보증기관'에서 어떤 역할을 하는지 크게 신경 쓰지 않아도 괜찮습니다. 이렇듯 내게 필요한 용어만 쏙쏙 골라서 습득하면 됩니다. 그리고 이 책은 '굳이 그런 용어를 다 외우지 않아도' 여러분이 대출을 쉽고 재미있게 이해할 수 있도록 도울 것입니다.

그런데 방금 '담보'가 무엇이고, '차주'가 누구인지에 따라서 용어의 쓸모가 다르다고 하였는데요. 이 두 가지는 대출을 이루는 큰 뼈대와도 같으므로 이번 기회에 정확히 짚고 넘어가도록 하겠습니다.

먼저 '담보'입니다. '담보'의 뜻을 국어사전에서 찾아보면 여러분은 아마 더 큰 혼란에 빠질 것입니다.

담보(擔保)

1. 맡아서 보증함.

2. 민법에서, 채무 불이행 때 채무의 변제를 확보하는 수단으로 채권자에게 제공하는 것. 유치권, 질권, 저당권 따위의 물적 담보와 보증 채무, 연대 채무 따위의 인적 담보가 있다.

너무 어려운 말들로 가득하지요? 이보다는 간단하게 '빚에 대한 보증'이라고 이해하면 쉽습니다. 은행에서는 대체 무엇을 믿고 우리에게 대출금을 내어줄까요? 이런 질문에서부터 담보라는 단어에 접근해 보기를 바랍니다.

대출은 크게 '담보가 있는 대출'과 '담보가 없는 대출'로 나뉩니다.

담보 유무에 따른 대출 구분

담보

있음   없음

담보대출	신용대출
• 주택담보대출	
• 비주택담보대출	• 건별대출(신용대출)
• 예·적금 담보대출	• 한도대출(마이너스통장)
• 보증서대출(전세자금대출)	

간단히 말해 은행이 '나라는 개인'이 아닌 '내가 가진 담보'를 믿고 돈을 빌려주면 '담보대출'입니다. 아파트·빌라 등을 담보로 한 주택담보대출, 오피스텔·상가 등을 담보로 한 비주택담보대출, 청약통장 등을 담보로 한 예·적금 담보대출이 여기에 속합니다. 반면 담보가 없어서 '나라는 개인의 신용'을 믿고 돈을 빌려주는 대출을 '신용대출'이라고 합니다. 우리가 흔히 아는 신용대출과 마이너스통장이 담보가 없는 유일한 대출입니다.

그렇다면 전세대출은 담보대출일까요, 신용대출일까요? 집주인이 따로 있으니 집을 담보로 잡기는 어려워 보입니다. 그렇다고 해서 세입자의 신용만 믿자니 그 사람의 월급보다 더 높은 한도를 허락해 주기는 힘들 것 같습니다. 누가 대신 나서서 보증을 서준다면 얼마나 좋을까요? 바로 이때 등판하는 선수가 한국주택금융공사(HF), 주택도시보증공사(HUG), 서울보증(SGI) 등의 보증기관입니다. 이들이 세입자의 보증인을 자청해 은행에 보증서를 써주면, 은행은 이를 담보로 세입자에게 대출금을 내어줍니다. 다만 보증기관도 아무에게나 보증을 서줄 순 없으니 저마다 다른 기준으로 세입자를 심사합니다(75p).

이번에는 '차주'에 대해 이야기해 보겠습니다. 차주는 '돈을 빌리는(빌린) 주체'입니다.

차주에 따른 대출 구분

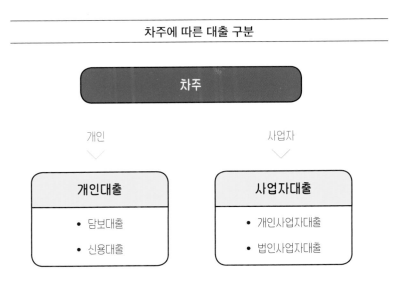

돈을 빌리는 주체가 개인이면 '개인대출', 사업자이면 '사업대
출'로 구분합니다. 무주택자도, 1주택자도, 다주택자도 자신의 명
의로 금융기관에서 돈을 빌리면 개인대출입니다. 한편 사업자의
사업자등록번호를 입력해 받는 대출은 사업자대출입니다. 개인사
업자나 법인사업자가 임대용 부동산을 취득하거나 자가 사업장을
운영하기 위해 빌리는 대출 등이 이에 해당합니다.

이 책은 대출의 문턱에서 헤매는 무주택자와 1주택자를 위해
쓰였습니다. 그러므로 사업자대출보다는 개인대출에 집중할 예정

입니다. 여러분은 자신의 담보를 잘 파악하고, 원하는 거래가 전세인지 매매인지 혹은 수익형 부동산인지에 따라 그에 맞는 페이지를 펼쳐 보기만 하면 됩니다.

지난 몇 년간 대출 규제가 강화된 탓에 대출받기가 어려워졌다고 토로하는 분들이 많습니다. 저 역시 여러분을 가까이에서 지켜보면서 제도가 조금은 더 단순해져도 좋겠다고 생각한 적이 있습니다. 하지만 그렇다고 해서 대출의 본래 취지가 달라진 것은 아닙니다. 부동산 대출은 여러분이 보금자리를 쉽게 장만하도록 돕는다는 데 목적이 있습니다. 모종의 자격시험을 통과해야만 얻는 보상이 아니란 말이지요. 그렇기에 대출 공부는 무조건 어렵다는 선입견만 내려놓아도 좋겠습니다.

우리의 목표는 시험 점수 100점을 맞는 것도 아니고, 대출 전문가가 되는 것도 아닙니다. 은행에서 대출 담당 직원과 소통할 때 여러분이 의미 있는 질문을 던지고, 정확한 답변을 얻을 수 있는 수준이면 충분합니다. 나와 궁합이 잘 맞는 대출 하나를 잘 고르는 것, 이로써 부자가 되는 길에 한 걸음 가까워질 정도로만 공부하면 됩니다.

사실 나에게 도움이 되는 대출을 찾는 여정은 생각보다 즐겁습니다. 대출에 대해 알면 알수록 더 많은 기회가 보일 것입니다. 나는 생각보다 가능성이 큰 사람이라는 것, 지금의 나보다 미래의 나를 믿고 도전한다는 것. 이런 자신감의 토대만 마련해도 여러분의 대출 공부는 이미 결승선을 통과한 것이나 다름없습니다.

1층을 매수할 때
유리한 은행이 따로 있다?!

지금까지의 여정을 통해 주거래 은행은 '나에게 가장 유리한 조건을 제시하는 은행'이란 사실을 알게 되었지요? 이번 코너에서는 특수한 상황에서 나에게 더 유리한 혜택을 제시하는 은행에 대해 알아보겠습니다.

① 1층을 매수할 때

요즘은 층간소음 문제로 인해 아이들이 뛰어다녀도 눈치를 조금 덜 볼 수 있는 1층 매물을 선호하는 분들이 많습니다. 하지만 주택을 매매하고 대출 한도를 결정할 때 1층은 조금 불리할 수 있습

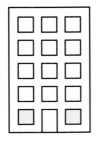

니다. 대부분의 은행에서 1층은 KB시세의 하한가를 기준으로 대출 한도를 책정하기 때문입니다. (2층부터는 KB시세의 일반가를 적용합니다.) 그런데 기업은행에서는 1층에도 KB시세의 일반가를 적용해 줍니다. 따라서 1층을 매수한 뒤 대출을 최대한 많이 받고 싶다면 기업은행도 방문 목록에 넣어보길 바랍니다. (단, 투기과열지구에서 KB시세 일반가가 15억 원이 넘는 아파트는, 1층에도 KB시세 일반가가 적용돼 대출이 불가능합니다.)

② 월세 세입자가 사는 주택을 매수할 때

3장에서 '방공제(200p)'에 대해 자세히 다루겠지만, 세입자가

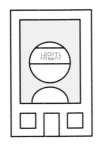

있는 주택을 매수할 경우 보통의 은행에서는 해당 주택의 방 개수만큼 한도를 차감한 뒤 대출금을 내어줍니다. (서울의 방 1개 공제금액은 5000만 원입니다.) 즉, 방 3개짜리 주택이라면 3개의 방값을 차감한 금액으로 주택담보대출의 한도를 설정하는 것이지요. 그런데 하나은행, 신한은행, SC은행은 월세 세입자가 낀 물건을 매수할 때의 대출 조건이 조금 다릅니다. 이들은 '세입자 보증금'과 '방 1개를 공

제한 금액' 중 높은 금액을 차감하고 한도를 설정합니다. 아무래도 세입자 보증금이나 방 1개만 공제할 때의 금액이 방 3개를 공제한 것보다는 적을 것이기 때문에, 대출 한도를 최대치로 끌어올리고 싶다면 이 3개의 은행에서 상담을 받아보는 편이 좋습니다.

③ 향후 세입자를 들일 계획이 있을 때

세입자 입장에서는 근저당(114p)이 있는 집, 쉽게 말해 대출이 있는 집에 들어가기가 아무래도 꺼려질 것입니다. 행여 집이 경매에 넘어가면 보증금을 받지 못할 가능성이 크기 때문입니다. 향후 세입자를 들일 계획이라면 주택담보대출을 받지 않는 편이 가장 좋겠지만, 어쩔 수 없는 경우라면 우리은행, 하나은행, 삼성생명, 신한은행, SC은행, 농협은행, 국민은행에서 주택담보대출을 받길 추천합니다. 다른 은행에서는 주택담보대출을 승인하며 채권최고액(집을 담보로 대출을 해준 금융기관이 집주인에게 상환을 요구할 수 있는 최대 금액)을 120%로 설정하는데, 이들 은행은 110%로 설정하기 때문입니다. 즉, 내가 주택담보대출로 1억 원을 빌렸을 때 채권최고액이 120%이면 근저당으로 1억 2000만 원이 잡히지만, 채권최고액을

세입자를
구할 예정이에요~

매수자

110%로 설정하면 1억 1000만 원으로 근저당이 낮아집니다. 만약 대출 원금이 2억 원으로 늘어나면 근저당은 2000만 원까지도 차이가 나는 것이지요.

세입자로서는 아무래도 근저당이 없거나 혹은 적은 집을 선호합니다. 주택담보대출을 받고 나서 세입자를 들일 계획이라면 채권최고액 110% 은행들을 꼭 기억하길 바랍니다.

은행 vs. 비대면
vs. 대출상담사

대출을 신청하는 방법은 크게 세 가지가 있습니다. 첫째, '은행 영업점을 방문하는 방법', 둘째, '온라인에서 비대면으로 신청하는 방법', 셋째, '대출상담사를 통하는 방법'이 그것입니다. 여러분에게 가장 익숙한 방법은 직접 은행 문을 열고 들어가 은행원과 직접 소통하는 첫 번째 방법일 것입니다. 앉은자리에서 바로 궁금증을 해결할 수 있고, 해당 은행의 상세한 대출 정보를 안내받을 수 있기 때문입니다.

비대면 방식은 얼굴을 마주하지 않기 때문에 언제 어디서나 편안하게 진행할 수 있습니다. 최근 은행에서는 신용대출과 같이 비교적 간단한 대출은 오히려 애플리케이션 이용을 추천하기도 합니다. 특히 각 은행에서 애플리케이션을 홍보하는 기간에는 금리 우대 혜택도 제공하니 믿고 이용해 봐도 좋습니다.

그렇다면 우리에게 조금은 생소한 '대출상담사'는 어떤 역할을 할까요? 이번 기회에 여러분이 대출상담사에게 갖는 오해와 궁금증을 풀어드리고자 합니다.

◇ **대출상담사를 통하면 금리가 높아지나요?**

가장 흔히 듣는 질문입니다. 출장도 와주고, 은행 금리도 편하게 알려주니, 상담받는 사람의 입장에서는 '대출 금리에 수수료가

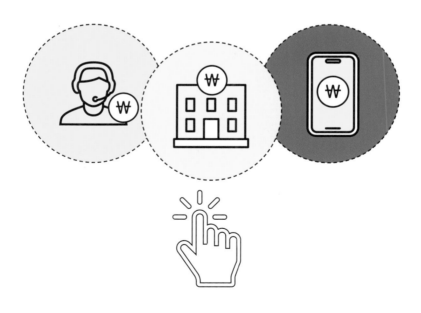

녹아 있지 않을까?' 하는 염려를 충분히 할 수 있습니다.

그런데 이는 사실이 아닙니다. 은행에서는 은행원이나 대출상
담사나 대출에 필요한 인력에 드는 비용은 매한가지이기 때문에,
고객에게 금리를 차별해서 제공하지 않습니다.

다만 금리 차이가 나는 경우도 있긴 합니다. 보금자리론(214p)
은 차주가 모든 과정을 스스로 책임지고 신청한다면(아낌e보금자리

은행연합회 홈페이지 내 대출모집인 조회

론) 은행이나 대출상담사를 통할 때보다 0.1%p 금리 우대를 해줍니다. 하지만 이 역시 한국주택금융공사(HF) 홈페이지에 충분히 고지되므로 특별한 경우가 아니고서는 은행 상품에서 대출상담사를 통해도 금리에 차이가 없습니다.

◇ 대출상담사를 어떻게 믿죠?

대출상담사는 다른 말로 대출모집인이라고도 부릅니다. 그리고 이들의 신분은 은행연합회 홈페이지(www.loanconsultant.or.kr)에서 자세히 조회할 수 있습니다. 대출상담사의 위반 행위까지 찾아볼 수 있으니 믿을 수 있는 상담사인지를 먼저 확인한 후에 대출을 신청해도 늦지 않다고 말씀드리고 싶습니다.

2장

사회초년생이
가장 궁금해하는
전세대출 기초상식 11

전세대출은 보증금의
몇 퍼센트까지 받을 수 있나요?

며칠 전 제가 다니는 미용실에서 한 직원분과 대화를 나누었습니다. 제가 부동산과 관련된 일을 한다고 하자 그분의 눈이 반짝이더군요. 그분은 직장(미용실)이 있는 청담동까지 왕복 4시간을 출퇴근한다고 했습니다. 그렇게 3년을 다니다 보니 더 이상 체력이 받쳐주지 않아 너무 힘들다고 말했습니다. 올해는 좁은 집에서 새우잠을 자는 한이 있더라도 월세를 얻어 독립하고 싶다는 결심도 내비쳤고요. 사회초년생인 그에게 도움을 주고 싶었습니다.

"청담동은 월세가 만만치 않을 텐데요. 전세를 구해볼 생각은 없나요?"

"보증금을 생각하면 엄두도 안 나는걸요. 월세도 사실 걱정이에요."

"지금 청년이니까 보증금의 90%까지 대출이 가능할 텐데요."

"정말요? 그런 게 있나요?"

전세대출의 평균 한도는 보증금의 80%입니다. 이 말을 들으면 의외로 많은 분들이 놀랍니다. 그렇게까지 한도가 높을 줄 몰랐다는 것이지요. 전세대출에 대해 자세히 알지 못한 채 무작정 월세부터 시작하려는 분들을 보면 안타까운 마음이 듭니다.

다만 보증기관별로 최고 한도의 액수(상한액)는 정해져 있습니다. 나의 전세보증금이 10억 원이라고 해서 무조건 은행에 8억 원을 빌려달라고 요구할 수는 없는 것이지요.

1장에서 우리는 '담보'에 대해 배웠습니다. 전세대출은 보증기관[한국주택금융공사(HF), 주택도시보증공사(HUG), 서울보증(SGI)]에서 써주는 보증서를 담보로 세입자에게 대출이 나가는 방식입니다. 그래서 이들 보증기관의 역할이 가장 중요합니다. 이들이 '우리 기관은 최대 얼마까지 보증을 설 수 있습니다!'라고 말한 금액에 따라 전세대출의 상한액이 결정되는 것이지요. 그러니 어떤 보증기관을 만나느냐가 정말 중요하겠지요?

전세대출 가운데 금리가 가장 유리한 상품은 정부(주택도시기금)에서 기획한 상품입니다. 이들 상품도 HF나 HUG의 보증을 받지만, 편의상 '정책 상품'이라고 부르겠습니다. '버팀목 전세대출'과 '중소기업취업청년 전세대출', '신혼부부 전세대출' 등 우리에게 꽤 익숙한 상품들이 이에 해당합니다.

정부(주택도시기금)에서 기획한 전세대출

상품명	조건		최대 대출 한도	연 금리
버팀목 전세대출 (기본)	차주	- 부부 합산 연소득 5000만 원 이하(신혼부부·2자녀 이상 6000만 원 이하) - 무주택 세대주	- 보증금의 70% 이내 - 수도권 1억 2000만 원, 그 외 8000만 원(2자녀 이상 수도권 2억 2000만 원, 그 외 1억 8000만 원)	1.8 ~2.4%
	보증금	수도권 3억 원, 그 외 지역 2억 원 이하(2가구 이상 수도권 4억 원, 그 외 3억 원)		

상품명		조건	최대 대출 한도	연 금리
청년 전용 버림목 전세대출	차주	- 부부 합산 연소득 5000만 원 이하(신혼부부·2자녀 6000만 원 이하) - 만 19~34세 무주택 세대주	- 보증금의 80% 이내 - 7000만 원	1.5 ~2.1%
	보증금	1억 원 이하		
중소기업 취업청년 전세대출	차주	- 부부 합산 연소득 5000만 원 이하(외벌이 및 단독 세대주 3500만 원 이하) - 만 19~34세 무주택 세대주 - 중소·중견기업 재직자 또는 중소기업진흥공단, 신용보증기금 및 기술보증기금의 청년창업 지원을 받는 자	- 보증금의 80% 이내 - 1억 원	1.2%
	보증금	2억 원 이하		
신혼부부 전세대출	차주	- 부부 합산 연소득 6000만 원 이하 - 3개월 이내 결혼 예정자 및 혼인 기간 7년 이내 무주택 세대주	- 보증금의 80% 이내 - 수도권 2억 원, 그 외 1억 6000만 원(2자녀 이상 수도권 2억 2000만 원, 그 외 1억 8000만 원)	1.2 ~2.1%
	보증금	수도권 3억 원, 그 외 지역 2억 원 이하(2자녀 이상 수도권 4억 원, 그 외 3억 원)		

한편 HF, HUG, SGI 등 보증기관의 상품은 시중 은행의 전세대출 금리(2022년 8월 기준 약 3%대 중반)를 따릅니다. 하지만 그 밖에 혜택 면에서는 저마다 다른 강점이 있습니다. HF는 임대인의 동의가 필요 없고, HUG는 소득이 없는 사람도 대출이 가능하며, SGI는 전세보증금이 높은 집에 유리합니다.

HF, HUG, SGI 전세대출 비교

	한국주택금융공사 (HF)	주택도시보증공사 (HUG)	서울보증 (SGI)
최대 대출 한도	- 보증금의 80% 이내 - 2억 2200만 원	- 보증금의 80% 이내 (연소득 5000만 원 이하 청년가구 및 연소득 6000만 원 이하 신혼가구 90%) - 무주택자 4억 원, 1주택자 2억 원	- 보증금의 80% 이내 - 무주택자 5억 원, 1주택자 3억 원
보증금	최대 7억 원	최대 7억 원	제한 없음
임대인 동의	필요 없음	필수	필수

"그런데 이 많은 상품을 제가 일일이 다 알아야 하나요? 은행에
서 알아서 해줄 텐데…."

앞서 저는 은행에 모든 것을 맡기지 않기 위해 대출을 공부해
야 한다고 말씀드렸습니다. 은행은 상담 기관이 아닙니다. 또한 업
무량이 많은 은행원은 전산 입력이 간단하고 승인이 쉽게 날 수 있
는 상품을 추천하려 합니다. 물론 은행원 중에도 고객에게 열과 성
을 다해 도움을 주려는 분들이 많습니다. 하지만 그렇다고 해도 그
들이 여러분의 인생을 책임져 주지는 않습니다.

주택과 관련한 대출은 워낙 큰 규모로 이루어지기에 한 사람
의 운명을 좌우할 수도 있습니다. '나는 어느 정도의 리스크를 감
당할 수 있을까?' 그것은 오직 자신만이 판단할 수 있습니다. '나에
게 유리한 조건은 무엇일까?' 역시나 이를 빠삭하게 파악할 수 있
는 사람은 자신뿐입니다. 따라서 은행에 100% 완벽한 조언을 바
라선 안 됩니다. 저는 아주 중요한 결격 사유를 은행에서 알려주지
않아 눈물을 머금고 대출을 포기해야 했던 사례를 숱하게 봐왔습
니다. 반대로 자신의 강점을 은행원에게 상세히 들려주지 않아 낮
은 한도에 만족해야 했던 분들도 수없이 만났습니다. '이렇게까지
세세히' 대출을 공부해야 하는 이유입니다.

"보증은 함부로 서는 게 아니다"라는 말을 들어본 적 있나요? 보증기관들도 똑같은 심정일 것입니다. 그래서 각자 '이것만은 꼭 지켜달라'는 기준을 갖고 있습니다.

이를테면 HF는 이렇게 요구합니다. "소득이 없으면 보증을 서 드릴 수 없습니다." HUG에서는 이런 조건을 내세웁니다. "빚이 많은 집에 세입자로 들어가는 건 좀 곤란한데요." 마지막으로 SGI 는 이렇게 말합니다. "당신에게 빚을 감당할 능력이 있는지 신용점 수를 꼼꼼히 보겠습니다."

우리는 은행에 가서 대출을 신청하지만, 정작 중요한 것은 이 들 보증기관의 허들을 넘는 일입니다. 그러니 전세대출을 받을 때 만큼은 '어떤 은행에 방문해야 할까?'보다는 '어떤 보증기관의 보 증서를 받아야 할까?'에 더욱 초점을 맞추길 바랍니다. 그리고 지 금부터 그 여정을 하나씩 살펴보겠습니다.

버팀목·중소기업취업청년·신혼부부 전세대출이 얼마나 더 유리한가요?

지금부터 나에게 꼭 맞는 전세대출을 찾는 여정이 시작됩니다. 앞서 표(77p)로 정리한 것처럼 각 상품에 따라 대출 한도와 금리, 자격 조건 등이 다릅니다. 전세대출을 받는 여러분의 입장도 모두가 똑같지는 않을 것입니다. 누군가에게는 한도가 가장 중요하고, 또 누군가에게는 금리가 가장 낮은 대출이 필요할 테지요. 이렇듯 선택은 각자의 몫입니다. '여덟 번째 질문'부터 '열두 번째 질문'까지 천천히 정독한 후에 나와 궁합이 가장 잘 맞는 전세대출을 선택하길 바랍니다.

먼저 '정책 상품'에 대해 자세히 이야기해 보겠습니다. 정책 상품이라고 하면 어떤 것들이 떠오르나요? 은행보다 높은 이자를 받고, 은행보다 보증 비율이 낮으며, 은행보다 이것저것 더 많이 가입해야 금리를 낮출 수 있는 부수 거래(카드·적금·급여 이체 등)가 많다고는 생각되지 않을 것입니다. 네, 맞습니다. 정부, 그러니까 주택도시기금이 기획한 상품은 '국민에게 도움이 되는' 방향으로 설계되었습니다. 다만 정부 기금으로 운용되는 만큼 아무에게나 혜택을 제공하지는 않습니다. 혜택이 클수록 조건도 까다로운 법이지요. 그럼 하나씩 살펴보겠습니다.

◇ 버팀목 전세대출

첫 번째로 알아볼 정책 상품은 '버팀목 전세대출'입니다. '버팀목'이라는 이름에서부터 뭔가 든든함이 느껴지지 않나요? 사실 이 대출은 받고 싶어도 못 받는 분들이 더 많습니다. 최고 한도 액수 역시 낮아서 '나는 무조건 대출을 많이 받아야 해!'라고 생각하는 분께는 적합하지 않습니다.

정부 대출을 받더라도 상담은 은행에 가서 해야 합니다. 버팀목 전세대출의 가장 큰 강점은 바로 놀라울 만큼 낮은 금리입니다. 금리는 전 세계적으로 계속 상승하는 추세인데(2022년 8월 기준), 여전히 1%대의 금리를 이용할 수 있는 건 분명한 혜택입니다. 하지만 그만큼 은행에서는 반가운 상품이 아닙니다. 부수 거래 조건도 없어서 은행원이 실적을 쌓기에 좋은 상품도 아니고, 고객 대부분이 생애 최초로 대출을 받다 보니 보완 서류를 요청할 일도 많습니다. 하지만 저는 버팀목 전세대출을 이용할 자격 요건이 되는 분들이라면, 이를 최우선 순위에 두고 고민하라고 말합니다.

버팀목 전세대출은 연소득이 5000만 원 이하여야 합니다. 맞벌이 부부에게는 조금 빠듯할 수 있겠지요. 그나마 신혼부부(혼인신고 접수일로부터 7년 이내 혹은 3개월 이내 결혼 예정자)이거나 자녀가 2인 이상이라면 연소득 6000만 원까지도 허용됩니다. (만약 1자녀인 상태에서 대출을 받고 아이가 한 명 더 태어났다면 가족관계증명서나 주민등록등본 제출을 통해 그에 맞는 금리 할인을 받을 수 있습니다.) 금리가 저렴한 대신 최고 한도액은 적습니다. 전세보증금이 3억 원 이하인 집에서 최대 1억 2000만 원까지만(수도권) 대출을 받을 수 있습니다.

정책 상품인 만큼 주택 수 규제에도 철저한 편입니다. 이는 무주택자를 위한 상품으로, 대출을 신청하는 시점뿐만 아니라 대출을 받은 이후에도 계속 무주택 상태를 유지해야 합니다. 그렇지 않고 주택을 매수한 게 발각되면 전세대출금을 회수합니다. 전세대

버팀목 전세대출 요건

조건

1) 부부 합산 연소득 5000만 원 이하
   (신혼부부·2자녀 이상 6000만 원 이하)
2) 무주택 세대주

보증금

수도권 3억 원, 그 외 지역 2억 원 이하 주택
(2자녀 이상 수도권 4억 원, 그 외 3억 원)

대출 한도

1) 보증금의 70% 이내
2) 수도권 최대 1억 2000만 원, 그 외
   8000만 원(2자녀 이상 수도권 최대 2억
   2000만 원, 그 외 1억 8000만 원)

금리

연 1.8~2.4%

출을 받으면 주기적으로 한 번씩 주택 매수 여부를 확인하기 때문에 주의해야 합니다.

또한 중도상환수수료가 없다는 장점도 있습니다. 목돈이 생기거나 매달 내는 수수료가 아까울 땐 언제든지 만기 이전에 상환할 수 있습니다. 다만 금리가 낮은 게 장점이므로, 대출금을 갚기보다는 다른 고금리 적금에 가입하는 게 더 유리할 수 있습니다.

'청년 전용 버팀목 전세대출(만 19세 이상~만 34세 이하)'은 금리가 여기서 0.3% 더 저렴해집니다. 다만 전세보증금이 1억 원 이하일 때만 최대 7000만 원까지 대출이 가능합니다.

◇ 중소기업취업청년 전세대출

두 번째로 알아볼 정책 상품은 버팀목 전세대출에서 파생된 '중소기업취업청년 전세대출'입니다. 흔히 줄여서 '중기청 전세'라고도 부릅니다. 이름처럼 중소기업에 재직하고 있는 청년들에게 큰 혜택을 줍니다. 버팀목 전세대출보다도 저렴한 1.2% 금리로, 전세대출 가운데 가장 인기가 많은 상품입니다. 전세보증금이 2억 원 이하일 때 최대 1억 원까지 대출받을 수 있습니다.

종종 이렇게 묻는 분들이 있습니다. "주택도시기금 홈페이지를 보면 보증금의 100%까지도 가능하던데요?" 홈페이지 내용이 조금 헷갈리게 나와 있는데, 여기서 말하는 '전세금액의 100%'는 대출 한도가 아니라 '보증 한도'를 의미합니다. 즉, 보증기관이 세입자가 빌린 돈의 100%를 은행에 보증한다는 의미입니다. 가령 은행이 1억 원을 대출해 주면 보증기관은 1억 원 전부를 보증해 준다

중소기업취업청년 전세대출 요건

조건

1) 부부 합산 연소득 5000만 원 이하
   (외벌이 및 단독 세대주 3500만 원 이하)
2) 만 19세 이상~34세 이하 무주택 세대주
3) 중소·중견기업 재직자

보증금

2억 원 이하 주택

대출 한도

1) 보증금의 80% 이내
2) 최대 1억 원

금리

연 1.2%

는 것입니다. 은행으로서는 돈을 떼일 염려가 없어서 좋은 셈이지요. 따라서 전세대출을 받으려는 청년은 은행에서 보증금의 80%, 최대 1억 원까지 대출받을 수 있다는 점만 기억하면 됩니다.

대출을 신청할 때는 중소기업 재직을 확인할 수 있는 회사의 사업자등록증과 주업종코드확인서, 고용보험자격이력내역서(발급이 불가능할 경우 건강보험자격득실내역서로 대체) 등을 준비해 가야 합니다.

◇ 신혼부부 전세대출

정책 상품의 마지막은 '신혼부부 전세대출'입니다. 혼인신고일로부터 만 7년이 지나지 않았거나, 3개월 이내에 혼인신고를 할 예정인 예비부부에게 혜택을 제공합니다. 연소득은 부부 합산 6000만 원 이하이며, 자녀가 2인 이상일 때는 지역에 따라 최대 2억 2000만 원까지 대출이 가능합니다. 정부에서 주관하는 대출 상품답게 금리 또한 1.2~2.1%로 저렴하다는 장점이 있습니다. 대출을 신청할 때는 합가 기간을 확인할 수 있는 주민등록초본 등이 필요하며, 예비부부라면 예식장 계약서나 청첩장 등으로 이를 대체할 수 있습니다.

지금까지 정부에서 기획한 전세대출 상품 세 가지를 알아보았습니다. 정책 상품도 보증기관[한국주택금융공사(HF), 주택도시보증공사(HUG)]의 보증서를 받는다는 건 알아두면 좋겠습니다. 보증기관에 따라 보증 한도를 설정하는 계산법이 조금씩 다르다는 걸 인지하는 정도면 충분합니다.

신혼부부 전세대출 요건

조건

1) 부부 합산 연소득 6000만 원 이하
2) 3개월 이내 결혼 예정자 및 혼인 기간 7년 이내 무주택 세대주

보증금

수도권 3억 원, 그 외 지역 2억 원 이하 주택

(2자녀 이상 수도권 4억 원, 그 외 3억 원)

대출 한도

1) 보증금의 80% 이내
2) 수도권 최대 2억 원, 그 외 1억 6000만 원(2자녀 이상 수도권 최대 2억 2000만 원, 그 외 1억 8000만 원)

금리

연 1.2~2.1%

정부 기관인 주택도시기금의 가장 큰 장점은 콜센터가 원활하게 운영된다는 점입니다. 규정을 잘 숙지하고 있는 직원들이 친절히 응대해 주므로 막막한 부분이 생길 때마다 주저 없이 전화를 걸어보길 바랍니다.

버팀목 전세대출과 중소기업취업청년 전세대출, 신혼부부 전

세대출은 서로 비슷한 듯하면서도 조건과 혜택에서 약간씩 차이가 있습니다. 금리가 매력적인 정책 상품을 검토할 때는 '내게 결격 사유가 없을까?'에 초점을 맞추길 바랍니다. 결격 사유 없이 모든 조건을 갖추었다면 대한민국에서 가장 '은혜로운 대출'을 받을 수 있습니다. 자격을 충족하지 못한다고 해서 실망할 필요는 없습니다. 다음에 소개할 HF, HUG, 서울보증(SGI)의 상품들도 충분히 매력 있는 상품이니까요.

한국주택금융공사(HF)의 전세대출은
임대인의 동의가 필요 없나요?

전세대출을 받을 때 가장 마음 편한 방법은 무엇일까요? 바로 한국주택금융공사(HF)가 보증하는 전세대출을 이용하는 것입니다. 그렇지 않아도 전셋집을 구할 때는 신경 써야 할 일이 한두 가지가 아닙니다. 부동산도 돌아다녀야 하고, 집 상태도 꼼꼼히 체크해야 하고, 집주인과 마주 앉아 계약서도 작성해야 하고, 대출 상품도 야무지게 비교해서 은행에 신청해야 하지요. 새로운 집에 들어간다는 설렘을 느끼기도 전에 몸과 마음을 녹초로 만들어버리는 고단한 여정입니다. 저 역시 그런 적이 있습니다. 은행에 첫 대출을 신청하고 승인을 기다리기까지 얼마나 마음이 초조하던지요. '내가 모르는 결격 사유가 있는 건 아닐까?', '대출이 제때 나오지 않으면 어떡하지?', '은행에서는 왜 이렇게 연락이 없을까?' 내가 잘못한 것이 하나도 없는데 노심초사한 날의 연속이었습니다.

그런데 HF에서 보증하는 전세대출을 이용하면 이런 걱정거리가 하나 줄어듭니다. 집주인에게 "세입자가 전세대출받는 것에 동의합니까?"라고 묻는 과정이 생략되기 때문입니다. 주택도시보증공사(HUG)나 서울보증(SGI)에서는 임대인의 동의를 필수적으로 묻는 데 반해(물론 모든 동의 절차는 보증기관이 알아서 해줍니다), 집주인에게 동의를 구하는 절차가 하나 줄어든다는 것만으로도 한결 수월해진 기분을 느낄 수 있을 것입니다.

HF가 보증하는 전세대출은 임대인이 법인일 때도 유리합니다. 다주택자 중에는 "법인으로 주택을 가지고 있으니까 임차인 구하기가 정말 힘들어요"라고 토로하는 분들이 많습니다. 다른 보증기관에서는 임대인이 법인이면 보증서를 써주지 않기 때문입니다. 그런데 HF에서는 임대인이 누구인가를 중요하게 여기지 않습니다. 이 밖에도 HF는 상가주택, 미등기주택, 신축 건물 등에 대해서도 전세대출을 보증하는 기관입니다.

한국주택금융공사(HF) 전세대출 요건

조건

소득이 있는 무주택자 또는 1주택자

(단, 1주택자는 연소득 1억 원 이하, 보유주택 가격 9억 원

이하)

보증금

수도권 7억 원, 그 외 지역 5억 원

대출 한도

1) 보증금의 80% 이내
2) 최대 2억 2200만 원

차별점

1) 대출 실행 시 집주인의 동의를 구하지 않음
2) 집주인이 법인인 경우에도 보증 신청 가능

물론 HF도 전세대출을 보증할 때 여러 조건을 내겁니다.

우선 전세보증금이 7억 원을 넘지 않아야 합니다. 대출 한도는

보증금의 80%까지 나오지만, 상한액은 2억 2200만 원입니다.

그런데 잠깐, 한국주택금융공사 홈페이지에 적힌 '보증 한도:

최대 2억 원'이란 문구를 보고 이렇게 되묻는 분들이 있습니다.

"홈페이지에는 최대 2억 원이라는데 어떻게 2억 2200만 원까지 빌릴 수 있지요?" 홈페이지에 적힌 한도는 '대출 한도'가 아니라 '보증 한도'입니다. (앞서 '중소기업취업청년 전세대출'을 읽었다면 쉽게 눈치챌 수 있습니다.) 즉, 2억 원이란 돈은 HF가 은행에 보증을 약속하는 최대 금액입니다.

이해하기 쉽게 더 간단히 설명해 보겠습니다. HF는 보통 세입자가 빌린 대출금의 90%만 은행에 보증합니다. 만약 세입자가 돈을 갚지 않는다면 나머지 10%는 은행에서 짊어져야 하는 것이지요. 그렇게 90%로 계산해 놓은 금액(보증 한도)이 2억 원이라는 뜻입니다. 우리가 궁금해하는 대출 한도는 이를 100%로 환산한 금액으로, 총 2억 2200만 원입니다.

한편 소득이 없는 사람은 HF가 보증하는 전세대출을 이용할 수 없습니다. HF와 HUG, SGI의 전세대출은 정책 상품과 달리 1주택자도 이용할 수 있습니다. 그런데 HF와 HUG의 전세대출을 이용하는 1주택자는 연소득이 1억 원을 넘어서는 안 됩니다.

정리하자면, HF가 보증하는 전세대출은 임대인의 동의가 필요 없고 임대인이 법인일 때도 이용할 수 있는 유일한 대출입니다. 이처럼 활용도가 높아서 은행에서도 주로 HF의 전세대출을 권함니다. 하지만 다른 두 보증기관보다 최대 대출 한도가 낮고, 소득이 있어야만 빌릴 수 있다는 점을 꼭 기억하길 바랍니다.

주택도시보증공사(HUG)의 안심전세는
소득 없이도 가능한가요?

정책 상품인 버팀목 전세대출과 중소기업취업청년 전세대출에 이어 가장 인기가 많은 전세대출은 주택도시보증공사(HUG)가 보증하는 '안심전세'입니다. 안심전세의 가장 큰 장점은 소득이 없어도 대출이 가능하다는 점입니다. 하지만 리스크를 관리해야 하는 은행 입장에서는 소득이 없는 차주를 반길 리가 없겠지요? 그래서 은행은 고객에게 안심전세를 적극적으로 추천하지 않습니다. 하지만 당장 소득이 없어서 대출이 불안한 상황이라면 "저는 안심전세

주택도시보증공사(HUG) 전세대출 요건

신용점수별 대출 한도

보증금의 80~90%

(무주택자 최대 4억 원, 1주택자 2억 원)

- NICE 820 or KCB 805점 이상
  → 4억 원
- NICE 740~819 or KCB 655~804점
  → 1억 5000만 원
- NICE 670~739 or KCB 550~654점
  → 7000만 원

임차인

1) 수도권 보증금 7억 원, 그 외 지역 5억 원

2) 무소득자도 가능
   (단, 서류 제출 필수)

3) 1주택자 소득 1억 원 초과 시 대출 불가

4) 전세보증금이 매매 시세보다 높으면 대출 불가

임대인

1) 법인 임대인 대출 불가

2) 임대인 동의 필수

3) 만기 시 임대인이 은행에 보증금 전액 상환 의무

를 이용하겠습니다"라고 당당하게 요구할 수 있어야 합니다.

다만 안심전세는 소득을 보지 않는 대신 신용점수(110p)를 중요하게 생각합니다. 신용점수에 따라 대출 한도가 결정되는 것이지요. 신용점수가 높은 무주택자는 전세보증금이 7억 원 이하(수도

권 기준, 그 외 지역 5억 원 이하)인 집에서 최대 4억 원까지 빌릴 수 있습니다. 청년과 신혼부부 중에서 조건에 맞는 사람만 받을 수 있지만, 보증금의 90%까지 대출이 가능한 상품은 안심전세가 유일하기 때문에 '한도가 가장 중요하다'고 생각하는 분들은 이를 꼭 눈여겨보길 바랍니다.

◆ **전세보증금의 90% 대출 가능 조건**

- **신혼가구**: 부부 합산 연 소득 6000만 원 이하면서 혼인 기간 7년 이내(3개월 이내 결혼 예정자 포함) 가구
- **청년가구**: 부부 합산 연 소득 5000만 원 이하면서 만 19세 이상~34세 이하 가구

물론 소득을 보지 않는다고 해서 소득 증빙 자체를 소홀히 해도 된다는 뜻은 아닙니다. 소득이 없으면 '없다'는 것을 문서로 명확하게 증명해야 합니다. 소득금액증명원이나 건강보험자격득실확인서에서 '직장피부양자(직장에 다니는 가장의 수입에 의존하여 생계를 유지하는 가족 구성원. 일정한 소득이 없는 직장인의 부모나 배우자, 자녀

가 포함된다)'로 등록되어 있는지를 확인해야 합니다.

안심전세는 그 이름처럼 '안심하고 살 수 있는 전세'를 지향합니다. 그렇기에 '안심'이란 요건에 지장을 줄 만한 몇 가지 결격 사유에 대해서는 아주 단호하게 대출 승인을 거절합니다. 가장 먼저 '세입자의 전세보증금'이 해당 '주택의 매매시세'보다 높을 때엔 안심전세를 이용할 수 없습니다. 다음에 살펴볼 서울보증(SGI)이 '주택의 매매시세'와 '세입자의 전세보증금' 가운데 더 낮은 금액을 기준으로 대출 한도를 결정한다는 부분에서 차이가 있습니다.

그런데 사실 전세보증금이 매매시세보다 높은 집에는 '안전상' 들어가기를 추천하지 않습니다. 전세대출을 받지 않더라도 말이지요. 언론에서는 이를 '역전세' 또는 '깡통전세'라고 부릅니다. 이런 집에 들어갔다가 집이 경매로 넘어가게 되면 보증금을 잃게 될 우려가 크니 꼭 주의해야 합니다.

또한 HUG는 임대인이 받은 주택담보대출(근저당, 114p)이 집값의 60%가 넘는 집에는 절대로 전세 보증을 서지 않습니다. 간혹 주택의 매매시세가 3억 원인데 집주인이 2억 원이나 주택담보대출을 받은 집에 거침없이 입주하겠다는 고객을 만날 때가 있습니다. 심지어 그 집주인은 세입자에게 전세보증금으로 2억 원을 받겠다고 합니다. 고객은 그 집에 입주하고 싶은 이유가 '새집이라 깨끗

해서', '집이 예뻐서'라고 말합니다. 그러면 저는 고객에게 이렇게 묻습니다. "근저당을 말소하는 조건으로 들어가시는 거죠?" 아쉽게도 돌아오는 대답은 대개 한결같지요. "근저당 말소요? 그게 뭔가요?"

안심전세가 거절된다는 건, 상식적으로 그 집이 '안전하지 않다'는 뜻입니다. 전셋집을 구할 때는 최소한 등기부등본을 떼어보고, 해당 주택에 잡힌 근저당을 확인한 뒤 KB시세(149p)를 파악하는 일까지도 빠짐없이 해야 합니다.

더불어 안심전세의 가장 큰 장점은 '전세금반환보증보험'(124p)에 의무적으로 가입된다는 점입니다. HF, SGI의 보증서를 이용하면 보증보험에 따로 가입을 해야 합니다. 따라서 오히려 (안심전세의 조건은 통과하지만) 전세보증금과 매매시세가 동일하거나, 집주인이 받아둔 근저당이 많은 집에 입주하면서 보증금을 돌려받지 못할까봐 불안하다면, 전세금반환보증보험에도 자동 가입되는 HUG의 보증을 이용하는 게 좋은 방법입니다.

서울보증(SGI)의 전세대출은
전세가가 높아도 되나요?

전세대출을 찾아 떠나는 대장정의 마지막 종착지는 서울보증(SGI)

입니다. SGI는 보증기관 가운데 공사(公社)가 아닌 유일한 사기업

입니다. 그래서 조건이 조금은 덜 까다로운 편입니다. 대표적으로

한국주택금융공사(HF)와 주택도시보증공사(HUG)는 전세보증금이

7억 원을 넘으면 대출이 불가능하지만, SGI는 보증금에 상한이 없

습니다. 10억 원짜리 전셋집에 들어가든, 20억 원짜리 전셋집에 들

어가든 대출금이 나오는 것이지요. 하지만 최고 대출 상한액은 정

서울보증(SGI) 전세대출 요건

대출 조건

1) 임차보증금 제한 없음
2) 금융비용부담률 40% 이내
3) 해당 물건 선순위채권과 대출금이 시세 80% 이내

신용점수별 대출 한도

보증금의 80% 이내

(무주택자 최대 5억 원, 1주택자 3억 원)

- NICE 820 & KCB 805점 이상→ 5억 원
- NICE 775 & KCB 710점 이상→ 4억 원
- NICE 820 or KCB 805점 이상→ 3억 원
- NICE 740 or KCB 655점 이상→ 2억 원

해져 있습니다. 보증금의 80% 안에서 최대 5억 원까지, 신용점수에 따라 대출이 가능합니다(무주택자 기준).

SGI는 보증서를 발급할 때 세입자의 금융비용부담률을 봅니다. 복잡한 수식까지는 이해할 필요 없습니다. 그저 소득이 없으면 대출이 힘들다는 정도만 이해하면 좋겠습니다. 매달 받는 근로소득(사업소득)이 없더라도 신용카드 사용금액이나 건강보험료 납부 실적으로 대체소득을 환산합니다. 따라서 소득 증명이 어려울 때는 신용카드(체크카드 포함)를 적극적으로 쓰시길 바랍니다.

HUG처럼 SGI도 임대인의 동의가 필수입니다. 이때 SGI는

'질권설정통지서'를 내용증명으로 임대인에게 발송합니다. 사전에 이야기해 두지 않은 채 갑자기 내용증명을 받으면 집주인이 화들짝 놀랄 수도 있습니다. 이 질권설정통지서에는 만기 시점에 임차인의 대출금을 임대인이 은행으로 직접 돌려줘야 한다는 것과, 은행으로 돌려주지 않고 임차인에게 보증금을 주면 임대인이 대신 대출금을 상환해야 한다는 내용을 담고 있습니다. 내용증명인 만큼 다른 절차 없이 서류가 도달된 시점에 임대인의 동의를 얻은 것으로 간주됩니다. 따라서 세입자는 공인중개사를 통해 미리 이 같은 내용이 임대인에게 공유될 수 있도록 이야기해 두는 편이 좋습니다.

HF, HUG, SGI 이들 세 기관은 전세대출 보증서를 발급하면서 따로 보증료를 받습니다. HF와 HUG는 고객 부담이지만 SGI의 보증료는 은행이 부담합니다. 그 대신 금리에 다소 차이가 있습니다. 은행에서 보증료를 부담하는 SGI의 전세대출은 다른 두 기관보다 금리가 약 0.2% 정도 높다는 점을 참고하길 바랍니다.

전세대출을 받지 못하는
특수한 상황도 있나요?

보증기관별 대출 한도와 조건도 훑어봤겠다, '좋은 집을 구해서 행복하게 잘 살았답니다'라고 이번 장을 매듭짓는다면 얼마나 홀가분할까요? 하지만 전세대출을 신청하기 전 꼼꼼히 따져봐야 할 것이 더 있습니다. '나는 어디에 살 것인가?' '집주인은 누구인가?' '나는 대출을 받기에 적합한 사람인가?'에 관한 이야기입니다.

우선 '나는 어디에 살 것인가?'부터 살펴보겠습니다. 전셋집을

전세대출을 받기 전 확인해야 할 사항들

물건지 상태

빌라, 오피스텔,
아파트, 다가구

(임대인의 협조 필요)

특이 조건

위반 건축물 등

임대인

법인, 외국인, 해외 거주

(근저당 말소 조건 체크)

소득 자료

원천징수영수증, 갑근세,
소득금액증명원

주택 수

무주택, 1주택, 다주택

신용점수

NICE, KCB

구할 때에는 집의 컨디션과 가격, 인프라 등을 고려합니다. 어디에 우선순위를 두어야 할지는 각자의 기준에 맞춰 판단하길 바랍니다. 여기서 저는 대출과 관련한 이야기를 해보려 합니다.

여러분은 '다세대'와 '다가구'를 구분할 수 있나요? 쉽게 말해 다세대는 101호, 102호, 103호의 집주인이 다 다른 경우입니다. (한 명의 집주인이 다세대 빌라 101호, 102호, 103호를 각각 따로 매수하는 경우는 극히 드뭅니다.) 반면 다가구는 101호, 102호, 103호의 집주인이 같은 사람입니다. 이것이 왜 대출을 받을 때 중요할까요? 다가구에 입주하면 해당 건물이 경매로 넘어갔을 때 '큰일'이 발생할 수도 있기 때문입니다.

아파트나 다세대주택과 달리 다가구주택은 전셋집에 입주한 순서에 따라 보증금의 보상 순서가 정해집니다. 가령 고길동 씨가 다가구주택 103호에 전세로 입주했습니다. 이사 떡을 돌리다 보니 101호와 102호에는 다른 세입자가 살고 있네요. 그렇게 두어 달이 지나고 고길동 씨에게 날벼락 같은 소식이 전해집니다. 해당 주택이 경매에 넘어갔다는 것입니다. 당황한 고길동 씨는 자신의 보증금을 돌려받지 못할까 봐 전전긍긍하기 시작했습니다. 고길동 씨는 보증금을 무사히 돌려받을 수 있을까요?

앞에서 말했듯 다가구주택이 경매로 넘어가면 세입자는 전입신고와 확정일자를 기준으로 변제금 배당 순서가 정해집니다. 그래서 다가구주택에 입주할 때는 나보다 전입신고가 빠른 세입자가 몇 명인지를 꼭 살펴야 합니다. 고길동 씨의 경우 101호와 102호 세입자보다 늦게 입주했으므로 차순위로 밀리겠지요. 또한 모든 세입자의 총보증금과 집주인이 받은 주택담보대출의 합계가 주택의 매매시세를 넘지 않는지도 파악해야 합니다. 주택의 매매시세는 KB시세(149p) 일반가나 등기부등본상 1년 이내 매매 가격, 또는 공동주택 가격의 150%[서울보증(SGI)은 130%]로 확인합니다. (KB시세가 없는 빌라는 공동주택 가격이라는 기준가가 있습니다. 하지만 이 공동주택 가격은 일반적인 거래가보다 상당히 낮기 때문에, 그 기준가의 130~150%를 인정해 줍니다.)

이제 은행의 입장이 되어보겠습니다. 여러분이 은행원이라면 고길동 씨와 같은 고객에게 대출금을 쉽게 내어줄 수 있을까요? 특히 빌라는 공동주택 가격이 낮으면 전세대출이 쉽게 거절될 수 있습니다. 그나마 공동주택 가격의 150%까지 인정해 주는 한국주택금융공사(HF), 주택도시보증공사(HUG)의 보증서를 받는다고 해도 말이지요.

빌라 전세를 알아볼 때는 특이 조건이 있는지도 꼼꼼히 따져야 합니다. 특히 '위반 건축물'에 주의해야 합니다. 내가 103호에 입주하는데 옥상이나 다른 호수가 위반 건축물이라면 크게 문제될 것은 없습니다. 하지만 내가 입주할 103호에 있는 확장된 발코니가 위반 건축물이라면 전세대출이 나오지 않을 가능성이 큽니다. 이런 일을 방지하려면 처음부터 공인중개사에게 "전세대출을 받을 수 있는 집으로 보여주세요"라고 말하는 게 좋습니다.

다음으로는 '집주인은 누구인가?'를 살펴야 합니다. 임대인이 개인이고 한국 국적이라면 크게 걱정하지 않아도 됩니다. 하지만 임대인이 법인이거나 외국인이면 HUG나 SGI의 보증서는 받을 수 없습니다. [임대인이 국내 거소 신고증(국내에서 주민등록증이 없는 재외 동포들을 대상으로 발급한 신고증)을 소지한 외국인이라면 은행에 따라 대출이 가능한 곳도 있습니다. 단, 대출 신청 시점에 다시 확인이 필요합니다.]

또한 간혹 근저당이 있는 집에 '근저당 말소 조건'으로 입주하는 경우가 있습니다. 그런데 전세 잔금을 다 치른 후에 집주인이 갑자기 이를 거부할 때가 있습니다. 흔치 않은 경우이기는 하나, 근저당을 말소하는 조건으로 계약을 맺었다면 입주 후에도 실제로 근저당이 삭제되었는지를 등기부등본에서 확인해야 합니다.

마지막으로 '나는 대출을 받기에 적합한 사람인가?'에 관한 내용입니다. 전세대출 가운데는 소득이 없어도 대출이 가능한 상품이 있고, 1주택자에게도 대출을 승인해 주는 상품이 있습니다. 개인의 소득을 판단하는 기준이 기관마다 다르고, 1주택자도 보유한 주택 가격에 따라 대출 여부가 나뉘는 경우도 많습니다. 그러므로 무조건 대출 한도에 목을 매기보다는 어떤 상품이 내게 더 부합한지를 중점적으로 살펴보길 바랍니다.

이 밖에도 전세대출을 받을 때에는 개인의 '신용점수'가 상당히 중요하게 작용합니다. 간혹 사회초년생들 중에는 "저는 신용카드도 없고 대출도 없는데 왜 신용점수가 나쁜지 모르겠어요"라고 하소연하는 분들이 있습니다. 왜 그럴까요? 이에 관한 이야기는 다음 질문에서 자세히 나눠보겠습니다.

신용점수가 전세대출에서
왜 중요한가요?

신용점수란 개인신용평가회사(NICE지키미·올크레딧)에서 개인의 신용도를 평가해 매긴 점수입니다. 주로 금융기관이 고객과의 거래 여부를 결정할 때 중요한 판단 기준으로 활용합니다. 신용점수가 높으면 대출 금리를 낮출 수 있는데요. 금리가 상승하는 추세에서는 더없이 유리한 카드를 손에 쥐는 셈입니다. 또한 전세대출에서는 한도까지도 높일 수 있습니다. 여러모로 신용점수를 잘 관리하는 게 매우 중요합니다.

간혹 '빚이 많을수록 신용점수가 떨어진다'고 오해하는 분들이 있습니다. 그런데 진짜 신용점수를 낮추는 요인은 크게 네 가지가 있습니다.

첫째, 부채 상환을 하지 못하는 경우입니다. 자동차 할부금이나 휴대전화 할부금을 포함해 대출금 등의 부채를 연체할 때 신용점수가 낮아집니다. 특히 연체 기간이 길어질수록 신용점수에는 악영향을 미칩니다.

둘째, 대출 건수가 많은 경우입니다. 금융기관은 '연체'에 무척 민감합니다. 만약 큰 금액을 한 곳에서 빌리면 연체 가능성은 1건입니다. 하지만 똑같은 금액을 소액으로 나눠서 여러 곳에서 빌리면 연체 가능성은 대출 건수만큼 높아집니다. 이런 경우 신용점수에 더 타격이 큽니다.

대출 개설 빈도가 늘면서 신용점수가 급격히 떨어진 고객이 있었습니다. 전세 계약을 할 때만 해도 신용점수가 좋았는데, 갑자기 신용점수가 60점이나 떨어졌다며 저를 찾아왔지요. 신용점수가 떨어지니 대출 한도에도 영향을 미쳤습니다. 저는 그에게 당장 신용평가회사에 전화를 걸어 그 이유를 알아보라고 일렀습니다. 몇 월 며칠을 기준으로 점수가 떨어졌는지를 확인하면 원인을 찾을 수 있기 때문입니다. 확인해 보니 그는 가전제품을 사기 위해 신용대출을 크게 일으킨 날 점수가 떨어졌습니다. 그리고 해결책은 간단했습니다. 지금 즉시 신용대출을 갚으면 며칠 안에 신용점수가 회복된다고 신용평가회사에서 귀띔해 준 것입니다.

앞서 전세대출을 받는 과정에서 가장 중요한 일이 무엇이었는지 기억나시나요? 바로 보증기관의 보증서를 받는 일이었습니다. 보증기관에서 보증을 서지 못하겠다고 나서면 은행도 어쩔 도리가 없습니다. 세입자로서도 3억 원의 한도를 기대했는데 2억 원밖에 받지 못한다면 남은 1억 원을 구하기 위해 전전긍긍해야 할 것입니다. 이미 전세 계약서를 작성한 뒤라 쉽게 계약을 무를 수도 없는데 말입니다. 이처럼 보증서 발급을 앞둔 중요한 시기에는 더더욱 대출 빈도를 늘리는 일에 주의해야 합니다.

셋째, 신용거래가 아예 없거나 그 기간이 짧을 때 신용점수는 상대적으로 낮습니다. 왜일까요? 금융기관에서도 그의 신용점수를 평가할 근거가 없기 때문입니다. 앞서 '신용카드조차 만들지 않았는데…'라며 억울해했던 사회초년생은 바로 이런 이유에서 신용점수가 낮았습니다.

넷째, 부채 형태에 따라 신용점수가 달라집니다. 특히 현금서비스와 카드론은 신용점수에 치명적입니다. 아무리 단기간 이용할 계획이라고 해도 저는 말리고 싶습니다. 간편하게 돈을 빌릴 수 있다는 이점에 현혹되어 현금서비스와 카드론을 무분별하게 쓰다 보면, 정작 대출이 꼭 필요할 때 은행 문턱에서 좌절하게 됩니다. 나의 신용점수를 관리하지 못한 대가로 수백만 원의 이자를 더 치를 수도 있으니 모든 빚에는 항상 신중하길 바랍니다.

근저당은 무엇이고,
안전한 전셋집은 어떻게 알아보나요?

전세로 입주하는 우리가 목숨처럼 지켜야 하는 것이 있습니다. 바로 전세보증금입니다. 전세 사기를 당해 보증금을 받지 못한 분들은 귀갓길을 '지옥으로 가는 길'이라고 말할 만큼 고통스러워합니다. 그래서 우리는 전세 사기를 당하지 않기 위해 등기부등본을 보는 법부터 공부해야 합니다. 겉보기에는 멀쩡한 집일지라도 등기부등본을 떼어보면 많은 비밀을 알게 될 것입니다.

등기부등본은 쉽게 말해 해당 주택의 '히스토리'를 담은 문서

인터넷등기소 등기부등본 열람 페이지

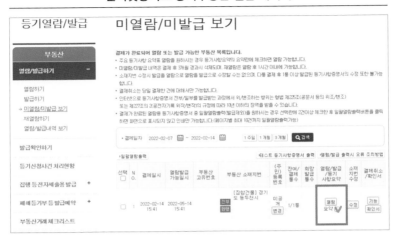

입니다. 토지나 건물을 거래할 때 소유자와의 권리관계를 확인할
수 있습니다. 해당 주택의 소유자가 아니더라도 누구나 손쉽게 인
터넷등기소 홈페이지(www.iros.go.kr)에서 등기부등본을 열람할 수
있습니다.

앞서 우리는 전세 계약을 하기 전 반드시 등기부등본을 떼어
근저당을 확인해야 한다고 배웠습니다. 확정일자를 받고 전입신고
까지 마쳤다면 집주인이 바뀌거나 살고 있는 집이 경매로 넘어가
도 세입자는 우선변제권(주택임대차보호법상 임차인이 보증금을 우선 변
제받을 수 있는 권리)을 행사할 수 있습니다. 하지만 계약 전에 이미
집주인에게 주택을 담보로 한 빚, 즉 '근저당'이 설정되어 있었다

주요 등기사항 요약 (참고용)

[주 의 사 항]

본 주요 등기사항 요약은 증명서상에 말소되지 않은 사항을 간략히 요약한 것으로 증명서로서의 기능을 제공하지 않습니다.
실제 권리사항 파악을 위해서는 발급된 증명서를 필히 확인하시기 바랍니다.

[집합건물] 경기도 동두천시 상패동

1. 소유지분현황 (갑구)

등기명의인	(주민)등록번호	최종지분	주 소	순위번호
(소유자)	-*******	단독소유	경기도 동두천시 상패로 (상패동, 아파트)	

2. 소유지분을 제외한 소유권에 관한 사항 (갑구)

순위번호	등기목적	접수정보	주요등기사항	대상소유자
7	가압류		청구금액 금17,295,475 원 채권자 주식회사 저축은행	
9	가압류		청구금액 금7,662,300 원 채권자 신용보증재단	
12	임의경매개시결정		채권자 달 주식회사	

3. (근)저당권 및 전세권 등 (을구)

순위번호	등기목적	접수정보	주요등기사항	대상소유자
9	근저당권설정		채권최고액 금61,200,000원 근저당권자 달주식회사	

[참 고 사 항]
가. 등기기록에서 유효한 지분을 가진 소유자 혹은 공유자 현황을 가나다 순으로 표시합니다.
나. 최종지분은 등기명의인이 가진 최종지분이며, 2개 이상의 순위번호에 지분을 가진 경우 그 지분을 합산하였습니다.
다. 지분이 통분되어 공시된 경우는 전체의 지분을 통분하여 공시한 것입니다.
라. 대상소유자가 명확하지 않은 경우 '확인불가' 로 표시될 수 있습니다. 정확한 권리사항은 등기사항증명서를 확인하시기
    바랍니다.

면 이보다 늦게 입주한 세입자는 보증금을 후순위로 변제받게 됩
니다. 등기부등본 요약본에서 '3. (근)저당권 및 전세권 등 (을구)'에
해당하는 항목이 바로 이와 관련된 항목입니다.

근저당의 본래 뜻은 '장래에 생길 채권의 담보로 저당권을 미
리 설정한 것'입니다. 조금 더 쉽게 설명하자면 '집주인이 빌린 주

택담보대출금액을 일정한 비율에 따라 등기부등본에 기재한 것'이라고 말할 수 있습니다. 융자도 같은 맥락이며, 그 액수는 '주요 등기사항' 목록에 '채권최고액'으로 표기됩니다. 채권최고액은 보통 집주인이 실제로 빌린 대출금의 110~120%(은행에 따라 다름)로 표기되나, 전세대출을 심사하는 은행도 이 채권최고액을 기준으로 한도를 결정하니 우리도 이 금액에만 집중하면 됩니다.

마음에 쏙 드는 전셋집에 근저당이 많다면 어떻게 해야 할까요? 먼저 계약하기 전에 공인중개사를 통해 '근저당 말소' 조건인지를 꼭 확인해야 합니다. 나의 전세보증금으로 빚을 다 갚을 예정인지를 물어보는 것입니다. 집주인이 이에 동의하면 계약서 특약에 '근저당 말소 조건'임을 반드시 명시해야 합니다.

단, 말소 조건이 아니라면 근저당과 전세보증금, 해당 주택의 매매시세를 비교해 모든 금액이 합리적인지를 따져봐야 합니다. 근저당과 전세보증금의 합이 매매시세보다 높다면, 계약을 하지 않는 게 더 현명한 선택이라고 말씀드리고 싶습니다.

> **신중한 판단이 필요한 전세계약**
> 근저당 + 전세보증금 > 해당 주택의 매매시세

다음은 전세 계약을 앞두고 주의해야 할 몇 가지 사례입니다.

◇ 근저당(2억) + 전세보증금(3억) = 해당 주택의 매매시세(5억)

만약 근저당이 2억 원이고 전세보증금이 3억 원, 매매시세가 5억 원이라면 어떨까요? 다행히 이때는 한국주택금융공사(HF)와

근저당이 있을 때 보증기관별 전세대출 한도 계산법

보증기관	대출 한도
한국주택금융공사(HF)	전세보증금의 80% *[근저당+전세대출금]이 매매시세의 100%를 넘지 않을 때 한함
주택도시보증공사(HUG)	[(매매시세-근저당)의 80%]와 [전세보증금의 80%] 중 낮은 금액 *근저당이 매매시세의 60%를 넘지 않을 때 한함
서울보증(SGI)	[매매시세의 80%-근저당]과 [전세보증금의 80%] 중 낮은 금액

주택도시보증공사(HUG), 서울보증(SGI)의 전세대출이 모두 가능합니다. 단, HUG의 경우 근저당이 매매시세의 60%를 넘지 않아야 합니다. 또한 HF의 전세대출을 이용할 때는 은행에 따라서 근저당과 전세대출금의 합이 매매시세를 넘지 않아야 합니다.

먼저 HF입니다. HF는 근저당이 있어도 '전세보증금의 80%'까지 대출을 해줍니다. 구체적인 사례에 한번 대입해 보겠습니다.

전세보증금 3억 원 × 80% = 2억 4000만 원
but, HF의 최대 대출 한도 = 2억 2200만 원

해당 주택의 근저당이 2억 원이고 전세보증금이 3억 원, 매매시세가 5억 원일 때, HF는 최대 2억 2200만 원의 대출 한도가 나옵니다. 근저당(2억 원)과 전세대출금(2억 2200만 원)의 합이 매매시세를 넘지 않았으므로 보증서도 무리 없이 받을 수 있습니다.

다음은 HUG의 안심대출 한도입니다. HUG는 '매매시세에서

근저당을 뺀 값의 80%'와 '전세보증금의 80%' 중 낮은 금액으로 대출 한도가 결정됩니다.

> (매매시세 5억 원 − 근저당 2억 원) × 80% = 2억 4000만 원
>
> vs.
>
> 전세보증금 3억 원 × 80% = 2억 4000만 원

두 가지 계산법 모두 2억 4000만 원으로 값이 동일합니다. 이는 안심전세의 최고 한도(4억 원)에도 미치지 않습니다. HUG 보증서로는 HF보다 2000만 원 많은 2억 4000만 원을 빌릴 수 있습니다.

마지막으로 SGI는 '매매시세의 80%에서 근저당을 뺀 값'과 '전세보증금의 80%' 중 낮은 금액으로 대출 한도를 설정합니다.

> (매매시세 5억 원 × 80%) − 근저당 2억 원 = 2억 원
>
> vs.
>
> 전세보증금 3억 원 × 80% = 2억 4000만 원

SGI는 위의 계산값 중 낮은 금액인 2억 원으로 한도가 결정됩니다. 또한 이 역시 SGI에서 받을 수 있는 최고 한도(5억 원) 안에 들어옵니다.

종합해 보면 근저당 2억 원, 전세보증금 3억 원, 매매시세 5억 원인 전셋집에 들어갈 때는 한도가 2억 4000만 원인 HUG의 보증서를 받는 게 가장 이득입니다. 이처럼 임대인의 대출이 많을 때에는 HUG를 우선으로 고려하길 바랍니다. 전세금반환보증보험(124p)에도 의무적으로 가입이 되므로 가장 안전하고 경제적으로 나의 보증금을 지킬 수 있습니다.

또한 이처럼 근저당이 많은 집에 입주할 때는 전세대출을 받기 전 미리 인터넷등기소에서 확정일자를 받아두고, 입주하는 날 전입신고를 마쳐야 합니다. 전입신고를 해야만 비로소 세입자에게 대항력이 생기기 때문입니다.

◇ 가족 간 거래인 경우

근저당 말소 조건으로 전세대출이 나가면 은행은 실제로 그 특약이 이행되었는지 끝까지 추적합니다. 만약 집주인이 끝까지 이행을 거부하면 세입자의 전세대출금은 회수될 수 있습니다.

그런데 간혹 전세대출을 받은 차주가 "저는 임대인이 근저당을 갚지 않아도 괜찮은데, 제 전세대출도 계속 유지될 순 없을까요?"라고 묻는 경우가 있습니다. 흔한 사례는 아니지만 임차인과 임대인의 관계를 들어보면 왜 그런 말을 하는지 이해가 가기도 합니다.

한번은 매매시세가 4억 원인 형의 집에 동생이 전세대출을 받아서 입주한 경우가 있었습니다. 그런데 형은 이미 집을 담보로 근저당 3억 원을 받아놓은 상태였습니다. 전세대출을 실행하면서 '근저당 말소 조건'을 특약에 넣었지만, 두 형제가 이를 지키지 않을 심산이었던 것이지요. 동생에게 전세대출을 승인해 준 은행은 법적 조치에 들어가고도 남을 상황이었습니다.

은행은 이 같은 문제를 빈번하게 겪었을 것입니다. 그래서 가족 간 거래에 개입하기를 꺼려합니다. 부모 자식 간 전세 거래는 은행의 전세대출이 아예 금지되어 있습니다. 형제간 거래에서는 실제로 돈이 오갔는지를 파악하고, 전세대출을 받는 차주의 소득과 재산 등을 고려해 담당자의 재량으로 대출 승인을 거절하기도 하고 아예 처음부터 진행을 하지 않는 은행도 많습니다.

◇ 임대인이 바뀌는 경우

전세대출을 받고 나서 임대인이 바뀌는 경우가 종종 있습니다. 특히 난감한 경우는 세입자가 소득이 없어서 안심전세를 받았는데, 집주인이 법인으로 바뀌는 경우입니다. 물론 전세 만기 시점까지는 세입자도 문제없이 지낼 수 있지만, 연장할 때 심각한 문제가 될 수 있습니다. HUG는 임대인이 법인일 때 대출 승인을 해주지 않기 때문에 연장 계약도 불가능한 것이지요. 이럴 땐 임차인이 소득을 얻어서 다른 보증기관의 전세 상품을 이용하거나, 집주인이 법인이 아닌 새로운 집으로 이사를 가야 합니다.

전세금반환보증보험은
어떻게 가입하나요?

한국주택금융공사(HF), 주택도시보증공사(HUG), 서울보증(SGI)은 전세대출의 보증 역할도 하지만, 이와는 별개로 세입자의 보증금을 100% 보장해 주는 '전세금반환보증' 업무도 합니다. 우리는 흔히 이 두 가지가 똑같다고 생각합니다. 그러나 이 둘은 엄밀히 다른 업무입니다. 전자가 '보증인'의 역할이라면 후자는 떼인 돈을 받아주는 '추심인'의 역할이라고 볼 수 있습니다.

전세대출 보증서를 써주면서 전세금반환보증보험에도 가입시켜 주는 기관은 HUG밖에 없습니다. HF와 SGI는 세입자가 스스로 판단해 보험 가입 여부를 결정해야 합니다.

그렇다면 전세금반환보증보험에는 왜 가입해야 할까요? 소중한 나의 보증금을 100% 지키기 위해서입니다. 행여 전셋집이 경매로 넘어가 보증금을 회수하지 못한다면 얼마나 억울할까요? 집값이 하락해 집주인이 보증금 지급을 차일피일 미룬다면 그보다 더 난감한 상황은 없을 것입니다. 전세금반환보증보험이란 이런 경우에 보증사에서 세입자에게 그 전세금을 먼저 내어준 후 임대인에게 그 금액을 회수하는 제도입니다. 그러니 보험료를 지불하고서라도 불안한 미래에 대비하는 것입니다.

기관마다 홈페이지에는 어려운 용어가 잔뜩 쓰여 있습니다. 하지만 복잡하게 생각하지 않아도 됩니다. 전세대출 보증서를 받았으면, 전세금반환보증보험에도 문제없이 가입할 수 있습니다. 다만 전세 계약이 절반을 지난 시점에는 가입할 수 없다는 점만 알아두길 바랍니다. 예컨대 전세 기간이 2년이라면 만기일로부터 1년 전에는 가입을 완료해야 합니다. 전세금반환보증보험 가입은 은행에서 할 수 있고, HUG는 네이버나 카카오페이 등으로도 신청을 받습니다.

보증기관별 전세금반환보증보험

보증기관	최대 보증 한도	연 보증료율
한국주택금융공사 (HF)	- 전세보증금 전액 - 수도권 7억 원, 그 외 5억 원 *HF 보증서로 전세대출을 받은 고객에 한함	보증금의 0.02~0.04%
주택도시보증공사 (HUG)	- 매매시세에서 선순위채권을 제외한 금액 - 수도권 7억원, 그 외 5억원	보증금의 0.115~0.154%
서울보증 (SGI)	- 아파트 전세보증금 전액, 그 외 주택 10억 원	보증금의 0.192~0.218%

전세금반환보증보험은 말 그대로 보험이지 의무 사항이 아닙니다. 입주한 집에 근저당이 없고, 매매시세가 전세보증금보다 월등히 비싼 아파트(가령 매매시세 12억 원에 전세보증금이 5억 원인 경우)라면 굳이 가입하지 않아도 괜찮습니다. 하지만 그럼에도 왠지 불안하다면 전세금반환보증보험에 가입할 것을 추천합니다.

질문

16

1주택자도 전세대출을 받을 수 있나요?
혹은 전세대출을 받고 집을 사도 되나요?

결론부터 말씀드리면 둘 다 가능합니다. 집이 있는 사람도, 즉 1주
택자도 전세대출을 받을 수 있습니다. 또한 전세대출을 이용하고
있는 사람도 만기 이전에 집을 매수할 수 있습니다. 다만 조건이
있습니다. 두 경우 모두 '주택 가격'에서 높은 허들을 통과해야 합
니다. 이번 질문에서는 '9억 원 초과 주택'과 '투기과열지구 내 3억
원 초과 아파트(2020년 7월 10일 이후 매수)'를 기억해 두면서 이야기
를 이어가겠습니다.

먼저 1주택자가 전세대출받는 방법을 살펴보겠습니다. 원칙적으로 1주택자는 1금융권의 전세대출 대상에 포함됩니다(2주택 이상 다주택자는 불가합니다). 다만 무주택자보다는 대출 한도가 적습니다.

무주택자와 1주택자 전세대출 한도 비교

주택 소유에 따른 대출 한도	정부 주관 (주택도시기금) 전세대출	한국주택 금융공사 (HF)	주택도시 보증공사 (HUG)	서울보증 (SGI)
무주택자	최대 2억 2000만 원	최대 2억 2200만 원	최대 4억 원	최대 5억 원
1주택자	불가		최대 2억 원	최대 3억 원

하지만 1주택자도 '보유 주택의 매매시세'에 따라 전세대출이 불가능할 수 있습니다. 앞서 '9억 원 초과 주택'과 '투기과열지구 내 3억 원 초과 아파트(2020년 7월 10일 이후 매수)'를 기억하라고 말씀드렸는데요. 이 조건에 부합하는 주택을 보유하고 있으면 전세대출을 받을 수 없습니다. 즉, 지역을 불문하고 9억 원이 넘는 아파트나 빌라, 단독주택을 소유하고 있거나, 투기지구 또는 투기과열

지구에서 3억 원이 넘는 아파트를 2020년 7월 10일 이후에 계약해 보유하고 있다면 전세대출이 제한됩니다. 전세대출금이 주택을 매수하는 용도로 흘러가는 것을 막기 위해 정부에서 강력한 규제책을 마련한 것입니다.

전세대출을 받고 나서 주택을 매수할 때도 마찬가지입니다. 이때 역시 '9억 원 초과 주택'과 '투기과열지구 내 3억 원 초과 아파트(2020년 7월 10일 이후 매수)'를 매수하는 것은 불가능합니다. 특히 2020년 7월 10일부터는 전세대출을 실행하는 차주에게 '약정서'를 받습니다. 투기과열지구 내에서 3억 원을 초과하는 아파트를 매수하지 않겠다는 약속입니다. 이를 어긴 사실이 발각되면 그 즉시 전세대출금이 회수될 만큼 약정서의 효력은 강력합니다(은행에서는 3개월마다 차주의 주택 매수 여부를 확인합니다). 따라서 전세대출을 유지하면서 주택을 매수하고 싶다면 '9억 원 초과 주택' 또는 '투기과열지구 내 3억 원 초과 아파트'에 대해서는 반드시 주의를 기울여야 합니다. 단, 투기과열지구 내에서 아파트가 아닌 3억 원을 초과하는 빌라나 단독주택은 매수가 가능합니다.

그런데 만약 2020년 7월 10일 이전에 매수한 투기과열지구 내 아파트가 어느 날 기준 시세를 넘겼다면, 즉 3억 원을 초과했다면 이는 단순한 시세 상승으로 인정해 전세대출금이 회수되지 않습니다. 또한 아파트 분양권과 입주권은 전세대출에서는 '주택'으로 인정하지 않기 때문에, 2020년 7월 10일 이후에 투기과열지구에서 3억 원을 초과하는 분양권이나 모든 지역에서 9억 원을 초과한 입주권을 매수했다고 해서 전세대출금이 회수되지는 않습니다. (다만 해당 아파트가 완공되고 잔금을 치를 시점에는 입주권이 '주택'으로 전환된다는 것을 기억하세요.)

한편 제2금융권을 이용하면 이러한 조건들에서 자유로울 수 있고, 2주택 이상을 보유한 다주택자도 전세대출을 받을 수 있습니다. 제2금융권에서는 보증기관의 보증서를 받지 않고 자체적으로 전세대출을 실행하기 때문입니다. 다만 제1금융권에 비해 전세대출 금리가 상당히 높은 편이니 꼼꼼하게 따져보고 이용하길 바랍니다.

Plus Check!

주거사다리 지원 제도

무주택자분들 중에는 집값이 더 오르기 전에 미리 주택을 매수해 두려는 사람이 있습니다. 당장 본인은 A라는 전셋집에 살지만, 또 다른 전세를 안고 있는 B라는 주택을 매수해 향후 B의 세입자가 퇴거하는 시점에 맞춰 이사를 계획하는 것입니다.

원칙상 전세대출을 받은 사람이 투기과열지구에서 3억 원을 초과하는 아파트를 매수하는 건 불가능하지만, 이런 경우에는 '주거사다리 지원 제도'를 이용해 예외적으로 인정받을 수 있습니다. 다만 '순서'가 중요합니다.

주거사다리 지원 제도 이용 순서

1. 전세대출 신청

기존 무주택자의 전세대출 신청(예: 2020.07.20.)

∨

2. 주택 구입

투기과열지구에 3억 원 초과 아파트 구입(예: 2021.01.30.)

∨

3-1. 본인 만기	**3-2. 세입자 만기**
본인 임대차계약 만기일 (예: 2021.08.30.)	취득한 아파트의 기존 세입자 임대차 계약 만기일(예: 2021.09.20.)

∨

4. 회수유예 처리

둘 중 먼저 도래하는 시기까지만 유예(예: 2021.08.30.까지)

일단 ① 내가 무주택자인 상태로 전세대출을 신청하고, ② 이후 전세 낀 주택을 매수합니다. 그러면 '본인의 전셋집 만기일'과 '매수한 주택의 기존 세입자 전세 만기일' 중 더 빠른 날까지 전세대출을 허용받을 수 있습니다. 다만 주거사다리 지원 제도를 이용한다고 해도 매매시세가 9억 원을 초과하는 주택은 매수할 수 없습니다.

전세대출을 받을 때
어떤 서류가 필요한가요?

은행에 제출해야 할 서류는 최대한 꼼꼼하게 준비해 갑니다. 그래 야만 은행에 두세 번 방문하는 수고를 덜 수 있습니다. 또한 서류 를 제출하다 보면 은행원의 '융단 폭격' 같은 설명을 듣게 됩니다. 이때는 정신을 바짝 차리고 은행원의 말을 메모해 두거나, '약정 서'나 '동의서'를 제출하면서 자신의 휴대전화에도 사진 기록을 남 겨두는 것이 좋습니다. 너무나 기본적이지만 또 너무나 자주 깜빡 하는 기초 서류들을 한번 살펴보겠습니다.

◇ 전세계약서 원본

가장 중요한 것은 전세계약서 원본입니다. 주택도시보증공사(HUG)와 서울보증(SGI)을 통해 전세대출을 받았다면 은행이 전세계약서 원본을 점유합니다[한국주택금융공사(HF)는 사본 점유]. 따라서 임차인은 미리 주민센터나 인터넷등기소에 방문해 계약서 원본에 확정일자를 받아놓은 뒤 이를 은행에 제출해야 합니다. 최근에는 확정일자 대신 주택임대차계약신고필증을 받기도 합니다.

◇ **계약금 영수증**

전세보증금의 5% 이상을 납부한 계약금 영수증 사본을 제출
해야 합니다. 임대인이 써준 현금보관증을 가지고 은행에 방문하
면 은행원이 이를 복사해 가져갑니다. HUG는 반드시 필요하고,
SGI는 경우에 따라 공인중개사가 발급하는 중개물대상확인서와
공제증서를 요구하기도 합니다.

◇ **주민등록등본, 주민등록초본**

[주민등록등본]   [주민등록초본]

주민등록등본과 함께, 과거의 이력이 포함된 주민등록초본이
필요합니다. 특히 부부가 따로 떨어져서 생활하는 경우라면 가족

관계증명서가 요구되기도 합니다. HUG의 경우 해당 주택에서 거주한 기록이 남아 있으면 전세대출을 잘 승인해 주지 않습니다. 따라서 태어나서부터 현재까지 모든 주소의 변동 이력이 나와 있는 주민등록초본을 준비해야 합니다.

◇ 소득자료

[소득금액증명원]

[건강보험자격득실확인서]

보증기관에 따라 소득이 없어도 전세대출을 받을 수 있지만, HUG는 '소득이 없음'을 문서로 증명해야 합니다. 은행에 소득 관련 자료를 제출할 때에는 소득금액증명원과 건강보험자격득실확인서를 한 묶음으로 생각하고 가져가길 바랍니다.

소득이 있다면 해당 소득이 어디에서 발생하는지도 함께 입증해야 합니다. 직장인이라면 재직증명서와 원천징수영수증이 필요하고, 프리랜서는 위촉증명서와 같은 서류를 제출해야 합니다. 또한 잠시 직장을 휴직하고 있는 경우라면 휴직 이후 3년까지는 휴직 전 소득으로 인정받을 수 있으니 이와 관련된 서류를 준비합니다. SGI와 같이 대체소득을 인정해 주는 기관에는 신용카드대금납부내역, 건강보험료납부내역 등을 제출할 수 있습니다.

◇ 신분증

위 자료가 본인의 자료임을 입증할 신분증을 지참해야 합니다. 주민등록증과 운전면허증을 사용할 수 있습니다.

임대인도 꼭 알아야 할
전세대출 기초상식

우리는 거리에서 보행자로 걷지만 때로는 운전자가 되기도 합니다. 전세대출도 이와 같이 생각해야 합니다. 전세대출은 임차인이 받는 게 맞지만, 그렇다고 해서 '임대인은 몰라도 돼'라고 안이하게 생각해서는 안 됩니다. 전세보증금과 관련한 사고가 빈번하게 일어나고 있고, 임대인이 전세대출을 잘 알고 있으면 되레 돈을 벌 수도 있기 때문입니다.

① 레버리지 극대화

임대인이 전세대출을 알아야 하는 첫 번째 이유는 바로 '레버리지' 때문입니다. 부동산과 관련한 레버리지에는 크게 두 가지가 있습니다. 하나는 '대출', 또 다른 하나는 '전세'입니다. 우리는 주택담보대출을 받아 내 집 마련에 드는 시간을 앞당길 수 있습니다. 또 한편으로는 전세 세입자가 들어 있는 매물을 찾아서 '매매가'와 '세입자 보증금'의 차액만으로 부동산 투자를 시작할 수 있습니다. 그런데 이 두 가지를 동시에 활용하면 어떨까요? 나의 현금은 훨씬 적게 들어갑니다. 바로 주택도시보증공사(HUG)의 '안심전세'를 이용하는 방법입니다.

안심전세는 '세입자도 안심할 수 있는 전세대출'이라고 말씀드렸습니다. 대출 실행과 동시에 전세금반환보증보험에도 의무적으로 가입되기 때문입니다. 세입자는 집주인에게 전세보증금을 떼일 염려가 없으니 만기 시점까지 마음 놓고 집에 머물 수 있습니다. 그렇다면 임대인은 이를 어떻게 활용할 수 있을까요? 다음 사례를 통해 살펴보겠습니다.

A 아파트의 KB시세			
12.08	매매	5억 5,000	10층
12.08	전세	4억 2,000	10층

2020년 충남 아산시에서 실제로 이루어진 거래 내역입니다. 10층 물건을 5억 5000만 원에 매수한 투자자가 같은 날 4억 2000만 원에 전세 세입자를 들였습니다. 매매가와 전세보증금 사이에는 1억 3000만 원의 차액이 있었고, 매수자는 3000만 원만 가지고 아파트를 매수할 수 있었습니다. 어떻게 이런 일이 가능했을까요?

보통 투자자들은 1억 3000만 원이라는 돈을 모두 현금으로 준비하는데, 이분은 부동산 지식이 꽤 풍부한 분이었습니다. 주택담보대출을 받아야 할 시점을 인지하고 안심전세 제도에 대해서도 꿰뚫고 있었지요.

일단 주택을 매수하면서 미리 1억 원의 주택담보대출을 신청해 두었습니다. 주택담보대출 신청은 대출 실행일로부터 보통 2~3개월 전에 가능합니다. 그렇게 잔금을 치르는 날짜에 맞춰 대출금이 입금될 수 있도록 준비했습니다. 이처럼 1억 원을 먼저 세팅해 둔 뒤 매매 잔금을 치르는 날 전세 세입자의 보증금을 함께 받았던 것입니다.

어떤 계약을 먼저 하는지, 즉 누구의 돈을 먼저 받는지가 그렇게 중요한 일일까요? 물론입니다. 만약 이분이 전세보증금을 먼저 받았다고 가정해 봅시다. 4억 2000만 원이라는 전세를 안고 있는 물건이기에 주택담보대출을 실행하기가 어려웠을 것입니다. 매매가인 5억 5000만 원의 70%(비규제지역 LTV)인 3억 8500만 원보다 전세가(4억 2000만 원)가 더 높았기 때문입니다. 그렇게 되면 이분은 3000만 원이 아닌 매매 가격과 전세보증금의 차액인 1억 3000만 원을 오롯이 현금으로 주고 아파트를 매수해야 했을 것입니다.

더욱이 이분은 세입자의 입장까지 고려했습니다. 물론 근저당이 있는 아파트에 입주하기를 선호하는 세입자는 없을 것입니다. 하지만 전세금반환보증보험에 가입되어 보증금을 전액 돌려받을 수 있다면 말이 달라지겠지요. HUG는 집주인의 대출 채권최고액(근저당금액)과 전세보증금의 총합이 해당 주택의 매매시세와 같거나 그보다 적을 때 안심전세 보증서를 작성해 줍니다. 이 경우 집주인의 대출금은 1억 원이고 전세보증금은 4억 2000만 원이므로 그 합이 매매시세(5억 5000만 원)보다 적습니다. 충분히 세입자도 HUG의 보증서를 받을 수 있는 셈입니다.

선대출 + 전세보증금 = 총 레버리지

1억 원 + 4억 2000만 원 = 5억 2000만 원

이로써 임대인은 현금 3000만 원(매매가 5억 5000만 원 - 대출·전세 레버리지 5억 2000만 원)으로 성공적인 투자를 할 수 있었습니다. 제가 '성공적인 투자'라고 말씀드리는 이유는 적은 돈을 투자해서 그렇기도 하지만, 약 1년이 지난 시점에 해당 주택의 실거래가가 6억 9000만 원을 기록했기 때문입니다. 투자금 3000만 원으로 현재까지 1억 4000만 원의 수익을 거둔 셈입니다.

해당 아파트의 2022년 3월 KB시세

매매 111Bm²	동일시세 전용면적(m²)
KB시세 ❓ 2022.03.11 업데이트	최근 실거래가
6억 9,500만	**6억 9,000만**
상위평균가 7억 1,000	(2022.01 / 26층)
하위평균가 6억 7,500	매물평균가 **7억 1,079**

[출처: KB부동산]

만약 임대인이 안심전세 대출 제도에 큰 관심을 두지 않았더라면 세입자를 구하기도 그만큼 어렵고 실제 투자금도 1억 원은 더 필요했을 것입니다. 이처럼 대출 상품의 특성만 잘 알아도 다양한 레버리지를 접목해 투자 수익률을 무한대로 늘릴 수 있습니다. 그러니 임대인이 전세대출까지 신경 쓰는 건 괜한 오지랖이 아닌

현명한 투자인 것입니다.

② 전세보증금 반환 사고 방지

임대인 역시 전세 계약으로 인한 피해를 겪지 않기 위해 전세 대출을 공부해야 합니다. 전세대출 가운데는 임대인의 동의가 필수인 상품들이 있습니다. HUG의 안심전세와 서울보증(SGI)의 전세대출이 그렇습니다. 이에 동의한 집주인은 전세 만기 시점에 세입자가 빌린 보증금만큼을 은행에 직접 돌려줘야 합니다. 이를 만기 시점까지 기억할 의무 역시 집주인에게 있는 것이지요. 하지만 이를 잊고 전세보증금을 전부 세입자에게 돌려주었다가 그 돈을 가지고 세입자가 잠적하게 되면 일은 걷잡을 수 없이 커집니다.

실제로 제 고객 중에는 세입자에게 돈을 전부 돌려주었다가 세입자가 외국으로 도피해 3심 재판까지 진행한 경우도 있습니다. 결과는 '기각'이었고, 해당 대출금을 상환할 의무는 임대인에게 있다는 쓸쓸한 판결만 들었습니다. 더욱 억울한 건 당시 세입자가 빌린 전세대출금은 1억 4000만 원이었는데, 재판이 진행되는 동안 연체 이자가 발생하면서 집주인은 약 1억 9000만 원을 자기 돈으로 직접 갚아야 했습니다.

이같이 억울한 일을 겪지 않기 위해서는 어떻게 해야 할까요?

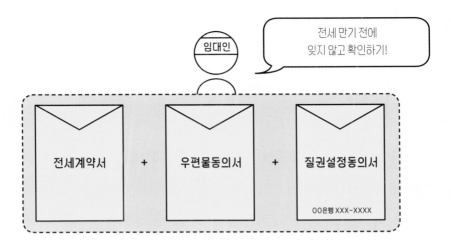

세입자의 전세계약서를 보관할 때 은행에서 온 우편물동의서도 함께 보관해야 합니다. 그러고는 세입자가 퇴거할 시점에 이를 다시 꺼내 봐야 합니다. '질권설정통지서'가 함께 들어 있다면, '아, 이 돈은 은행에 직접 돌려주어야 하는구나'라고 생각하면 되는 것이지요. 통지서에는 대출을 실행한 은행의 지점 전화번호가 적혀 있을 것입니다. 마지막으로 은행에 전화를 걸어 대출금을 누가, 어디로 돌려줘야 하는지를 꼼꼼하게 체크한다면 큰 사고를 미연에 방지할 수 있습니다.

이미 전세 세입자가 들어 있는 매물을 매수할 때는 그간의 히스토리를 알기가 어렵습니다. 매도인에게 세입자의 전세대출 여부를 확인하면 가장 좋겠지만, 이 시기를 놓쳤다면 세입자가 퇴거하

는 시점에 직접 계약서를 보여 달라고 하는 것도 방법입니다. 전세
대출을 받은 세입자는 전세계약서 원본을 은행에 제출해서 사본으
로 갖고 있을 것입니다. 따라서 세입자가 보관 중인 계약서가 사본
이라면 해당 세입자는 전세대출을 받았을 확률이 매우 높다고 볼
수 있습니다. (보증기관에서는 소유자가 변경되면 임대인에게 우편물을 보
내고 있긴 합니다.)

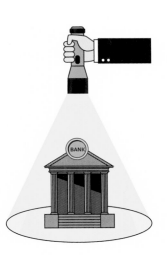

2부
[실전]

별별 대출 고민이
속 시원히 해결된다!

3장

예비 1주택자가
꼭 알아야 하는
주택담보대출 필수용어 7

대출 한도를 정할 때
KB시세가 왜 중요한가요?

KB시세는 주택담보대출의 한도를 결정할 때 중요한 기준이 되어
줍니다. "매매 가격의 '몇 퍼센트'로 대출금이 나오는 게 아니었나
요?" 아닙니다. 만약 매매가가 기준이라면, 평균 시세가 2억 원인
집을 5억 원에 매수한대도 매수한 5억 원을 기준으로 대출 한도가
결정되어야 한다는 뜻인데, 이는 상식적으로 말이 안 되지요. 그래
서 은행에서는 우리가 실제로 매매한 가격보다는 KB부동산이나
한국부동산원에서 감정한 시세를 믿고 그것을 기준으로 대출금을

내어줍니다. 공신력 있는 기관에서 집계한 시세를 따르겠다는 의도이지요.

대출 한도는 당연히 KB시세가 높을수록 늘어납니다. 그래서 대출 신청을 앞두고는 눈치작전도 왕왕 벌어집니다. KB시세는 매주 금요일에 업데이트되는데, 부동산이 상승하는 시기에는 최대한 대출 신청을 뒤로 미뤄야 높은 한도를 받을 수 있기 때문입니다. KB시세가 1000만 원만 올라도 비규제지역에서는 700만 원을 더 빌릴 수 있으니까요(LTV 70%). 반대로 부동산 시세가 살짝 꺾이는 시기에 한도를 최대한으로 받으려면 대출 신청을 미리 해두는 게 좋겠지요?

KB시세가 불만족스러울 때는 매수자가 직접 이를 조정하기도 합니다. KB시세는 지역마다 지정된 공인중개소에서 등록한 거래 가격과 실거래가 신고 금액을 참고하여 책정되는데, 간혹 나의 실거래가가 KB시세에서 누락되는 경우가 생기기도 합니다. 이전 거래보다 낮은 가격으로 주택을 매수했다면 그나마 다행이지만, 내가 거래할 때 가장 높은 실거래가를 찍었다면 대출을 받을 때 다소 불리해질 수 있습니다. 이럴 땐 거래한 공인중개소에 KB시세 반영을 요청하거나, KB부동산에 직접 계약서를 보내 KB시세를 조정할 수 있습니다.

은행에 따라서는 KB시세만 보는 곳이 있고, KB시세와 한국부동산원의 시세를 같이 보는 곳도 있습니다. 그중 하나은행과 SC은행은 한국부동산원의 시세를 고려하지 않습니다. 오직 KB시세만으로 대출 한도와 대출 가능 여부(15억 원 초과 아파트의 경우 대출 불가)를 결정하지요. 그 밖에 다른 은행은 KB시세와 한국부동산원의 시세를 함께 보면서 둘 중 높은 금액을 기준으로 대출 한도를 설정합니다. 보통 한국부동산원의 시세가 낮게 설정된다고 알려져 있습니다.

그런데 반대의 경우도 있습니다. 매수하려는 아파트의 KB시세가 '15억 원'에 걸쳐 있을 때입니다. LTV(155p)를 배울 때 자세히 다루겠지만, 투기과열지구에서는 15억 원을 초과하는 아파트에 대해 대출금이 아예 나오지 않습니다. 즉, 15억 원 초과 금액부터는 전액 현금을 주고 집을 매수해야 한다는 뜻입니다. (2022년 8월 기준, 이 규정은 헌법소원 중에 있습니다. 국민의 재산권 등 기본권을 침해했는지를 놓고 공방 중입니다. 또 2022년 8월 1일부터는 생애최초 주택구매자가 투기과열지구에서 15억 원 초과 아파트를 매수할 때도 잔금대출이 가능합니다.) 그렇기에 15억 원 구간에 아슬아슬하게 걸쳐 있는 단지들에서는 공인중개사들이 알아서 눈치껏 KB시세를 최대한 늦게 입력해 줍니다. 한 명의 매수자라도 더 대출을 받을 수 있도록 나름 도와주는 것이지요. 이럴 때면 한국부동산원의 시세가 KB시세보다 높은 현상이 종종 목격됩니다. 실제로는 15~16억 원에 거래되는 아파트인데 KB시세가 14억 9000만 원에 머물러 있다면? 마냥 좋아하기 전에 한국부동산원의 시세를 꼭 참고해야 합니다. 앞서 KB시세와 한국부동산원의 시세를 함께 보는 은행에서는 둘 중 높은 금액으로 대출 한도는 물론 대출 가능 여부도 결정한다고 했습니다. 그러니이와 같은 집을 매수할 때는 아무래도 KB시세만 보는 하나은행과SC은행이 훨씬 유리하겠지요.

한편 세대수가 적은 '나홀로 아파트'는 KB시세가 없을 수도 있습니다. 이때는 한국부동산원의 시세를 기준으로 대출금이 정해지고, 이마저도 없을 때엔 대출을 실행해 주는 은행에서 자체 감정가를 내리기도 합니다. "나홀로 아파트는 대출받기 어렵다"라는 말이 이래서 나온 것입니다. 또한 최근에 입주를 시작한 신축 아파트도 전매제한 등으로 인해 거래가 거의 발생하지 않으므로 KB시세도 없을 가능성이 큽니다. 이때는 분양가를 기준으로 한다거나, 은행의 감정가대로 대출 한도가 결정되므로 다소 불리합니다.

마지막으로 '디딤돌대출'(207p)과 '보금자리론'(214p)을 이용할 때는 특별히 유의해야 할 게 있습니다. 디딤돌대출은 매매 가격과

KB시세가 5억 원 이하일 때, 보금자리론은 매매 가격과 KB시세가 6억 원 이하일 때 가능한 대출입니다. 하지만 이들의 대출 한도는 '실제 매매 가격'과 'KB시세(또는 한국부동산원의 시세)' 둘 중에서 낮은 금액을 기준으로 결정됩니다.

가령 고길동 씨가 보금자리론을 이용해 집을 매수한다고 가정해 봅시다. 보금자리론은 6억 원 이하의 주택 기준으로 최대 대출 한도가 70%(비규제지역 기준)입니다. 고길동 씨는 매매가 5억 5000만 원에 KB시세가 6억 원인 집을 매수했습니다. 이때 고길동 씨가 보금자리론으로 받을 수 있는 대출 한도는 '5억 5000만 원×70%'입니다. (보금자리론의 상한액이 3억 6000만 원이기 때문에, 고길동 씨는 실제로 3억 6000만 원을 받게 될 것입니다.) 반대로 매매 가격이 6억 원이고 KB시세가 5억 5000만 원이라고 해도 대출 한도는 똑같습니다.

하지만 여기서 한 가지를 더 조심해야 합니다. '실제 매매 가격'과 'KB시세(또는 한국부동산원의 시세)' 둘 중 어느 하나라도 6억 원을 넘는 순간 보금자리론을 이용할 수 없다는 점입니다. 즉, 고길동 씨가 실제로 5억 5000만 원에 집을 매수했다고 해도, 해당 아파트의 KB시세가 6억 1000만 원이면 고길동 씨는 보금자리론이 아닌 다른 상품을 알아봐야 합니다. 이처럼 대출을 받을 때에는 KB시세가 무척 중요한 영향을 미칩니다.

시세 (KB시세.실거래.공시.매물.예측시세)

매매 112m²

KB시세 ❷ 2022.06.24 업데이트

최근 실거래가

9억 4,000만

9억 5,000만
(2021.04 / 11층)

상위평균가 9억 8,000
하위평균가 9억 500

매물평균가 12억 4,500

[출처: KB부동산]

그렇다면 KB시세는 어디에서 확인할 수 있을까요? KB부동산 홈페이지(kbland.kr)나 애플리케이션, 네이버 부동산 등을 통해 쉽게 조회할 수 있습니다.

KB시세는 일반평균가(노란색 글씨)와 상위평균가, 하위평균가로 나뉩니다. 1층에는 보통 하위평균가를 적용하며, 2층부터는 일반평균가로 대출 한도를 결정합니다. 상위평균가는 잘 사용하지 않지만 간혹 보험사에서 혜택이 큰 상품을 한정판으로 판매할 때나 4층 이상 주택에서는 상위 평균가를 적용해 주기도 합니다. 은행이나 보험사마다 KB시세를 적용하는 기준이 조금씩 다르다는 점을 염두에 두고 최종 한도는 반드시 직접 확인하길 바랍니다.

LTV는 무엇이고, 투기과열지구와
조정대상지역은 왜 구분하나요?

KB시세를 배우며 대출 한도는 KB시세의 '몇 퍼센트'로 결정된다고 말씀드렸습니다. 이제는 그 '몇 퍼센트'에 대해 알아볼 차례입니다.

앞서도 계속 'LTV'라는 말이 등장했습니다. 그만큼 LTV는 우리의 대출을 결정하는 데 절대로 빼놓을 수 없는 개념입니다. LTV는 'Loan To Value ratio'의 약자로, 우리말로는 '담보인정비율'을 의미합니다. 즉, 주택을 '담보'로 돈을 빌릴 때 내가 담보로 한 주택의 가격(KB시세) 대비 최대로 '인정'받을 수 있는 대출금의 '비율'을 뜻합니다. 만약 KB시세가 9억 원인 집에서 LTV가 40%까지 인정된다면, 우리는 9억 원의 40%, 즉 3억 6000만 원까지 돈을 빌릴 수 있습니다.

산술적으로는 참 간단합니다. 하지만 막상 LTV를 계산하려고 보면 막막해질 때가 참 많습니다. 지역별로, 주택 가격 구간별로 규제가 발동하기 때문입니다. 내가 매수하려는 주택이 투기과열지구에 있는지, 혹은 조정대상지역에 있는지, 아니면 비규제지역에 있는지에 따라 LTV는 각각 다르게 적용됩니다. 또한 같은 지역 안에서도 KB시세가 9억 원을 넘지 못했는지, 또는 9억 원과 15억 원 사이인지, 아니면 15억 원을 초과했는지에 따라서도 그 비율이 달라집니다. 다음 페이지의 표에 이러한 내용을 자세히 정리해 놓았습니다.

앞으로 4장에서 다룰 디딤돌대출(207p)과 보금자리론(214p)의 실수요자, 서민 실수요자 대출(221p), 생애최초 주택구매자 대출(225p)처럼 실거주자를 돕는 대출은 LTV를 20~40%p 우대해 줍니다. 하지만 이런 상품을 이용하기 위해서는 넘어야 할 산도 있습니다. 상품에 따라 주택 가격에 제한이 있고, 차주의 연소득이 높아서는 안 되며, 무주택자일 때에만 가능합니다. 반면 이런 상품을

규제지역 및 KB시세에 따른 LTV 한도(2022년 8월 기준)

주택 가격	구분	투기과열지구	조정대상지역	기타 지역
9억 원 이하	무주택·1주택 (처분 조건)	40%	50%	70%
	2주택 이상	불가	불가	60%
9억 원 초과	9억 원 이하분	40%	50%	9억 원 이하와 동일
	9억 원 초과분	20%	30%	
15억 원 초과 아파트	-	불가	9억 원 초과와 동일	

*투기과열지구·조정대상지역에서 서민 실수요자는 6억 원 이하 20%p, 6~9억 원 10%p 우대
*생애최초 주택구매자는 지역 및 소득에 관계없이 LTV 80% 적용

이용할 수 없는 사람들은 위의 표에 따라 LTV 기본 한도를 적용받게 됩니다.

이때 지역에 따라 대출 한도가 얼마나 달라지는지 예시를 들어 한번 살펴보겠습니다.

1주택자인 고길동 씨는 갈아타기를 계획하고 있습니다. 투자

전국 규제지역 현황(2022년 8월 기준)

지역	투기과열지구(43곳)	조정대상지역(101곳)
서울	전 지역 ('17.8.3)	전 지역 ('16.11.3)
경기	과천 ('17.8.3), 성남분당 ('17.9.6), 광명, 하남 ('18.8.28), 수원, 성남수정, 안양, 안산단원[주1], 구리, 군포, 의왕, 용인수지·기흥, 동탄2[주2] ('20.6.19)	과천, 성남, 하남, 동탄2[주2] ('16.11.3), 광명 ('17.6.19), 구리, 안양동안, 광교지구[주3] ('18.8.28), 수원팔달, 용인수지·기흥 ('18.12.31), 수원영통·권선·장안, 안양만안, 의왕 ('20.2.21) 고양, 남양주[주4], 화성[주5], 군포, 부천, 안산[주6], 시흥, 용인처인[주7], 오산, 안성[주8], 평택, 광주[주9], 양주[주10], 의정부 ('20.6.19) 김포[주11] ('20.11.20) 파주[주12] ('20.12.18) 동두천시 ('21.8.30)[주13]
인천	연수, 남동, 서 ('20.6.19)	중[주14], 동, 미추홀, 연수, 남동, 부평, 계양, 서 ('20.6.19)
부산	–	해운대, 수영, 동래, 남, 연제 ('20.11.20) 서구, 동구, 영도구, 부산진구, 금정구, 북구, 강서구, 사상구, 사하구 ('20.12.18)
대구	–	수성 ('20.11.20)
광주	–	동구, 서구, 남구, 북구, 광산구 ('20.12.18)
대전	–	동, 중, 서, 유성, 대덕 ('20.6.19)
울산	–	중구, 남구 ('20.12.18)
세종	세종[주15] ('17.8.3)	세종[주15] ('16.11.3)
충북	–	청주[주16] ('20.6.19)

지역	투기과열지구(43곳)	조정대상지역(101곳)
충남	–	천안동남[주17]·서북[주18], 논산[주19], 공주[주20] ('20.12.18)
전북	–	전주완산·덕진 ('20.12.18)
경북	–	포항남[주21] ('20.12.18)
경남	–	창원성산 ('20.12.18)

주1) 대부동동, 대부남동, 대부북동, 선감동, 풍도동 제외
주2) 화성시 반송동·석우동, 동탄면 금곡리·목리·방교리·산척리·송리·신리·영천리·오산리·장지리·중리·청계리 일원에 지정된 동탄2택지개발지구에 한함
주3) 수원시 영통구 이의동·원천동·하동·매탄동, 팔달구 우만동, 장안구 연무동, 용인시 수지구상현동, 기흥구 영덕동 일원에 지정된 광교택지개발지구에 한함
주4) 화도읍, 수동면, 조안면 제외
주5) 서신면 제외
주6) 안산시 단원구 대부동동, 대부남동, 대부북동, 선감동, 풍도동 제외
주7) 포곡읍, 모현읍, 백암면, 양지면 및 원삼면 가재월리·사암리·미평리·좌항리·맹리·두창리 제외
주8) 일죽면, 죽산면, 삼죽면, 미양면, 대덕면, 양성면, 고삼면, 보개면, 서운면, 금광면 제외
주9) 초월읍, 곤지암읍, 도척면, 퇴촌면, 남종면, 남한산성면 제외
주10) 백석읍, 남면, 광적면, 은현면 제외
주11) 통진읍, 대곶면, 월곶면, 하성면 제외
주12) 문산읍, 파주읍, 법원읍, 조리읍, 월롱면, 탄현면, 광탄면, 파평면, 적성면, 군내면, 장단면, 진동면, 진서면 제외
주13) 광암동, 걸산동, 안흥동, 상봉암동, 하봉암동, 탑동동 제외
주14) 을왕동, 남북동, 덕교동, 무의동 제외
주15) 건설교통부고시 제2006-418호(2006.10.13.)에 따라 지정된 행정중심복합도시 건설 예정지역으로, 「신행정수도 후속대책을 위한 연기·공주지역 행정중심복합도시 건설을 위한 특별법」 제15조제1호에 따라 해제된 지역을 포함
주16) 낭성면, 미원면, 가덕면, 남일면, 문의면, 남이면, 현도면, 강내면, 옥산면, 내수읍, 북이면 제외
주17) 목천읍, 풍세면, 광덕면, 북면, 성남면, 수신면, 병천면, 동면 제외
주18) 성환읍, 성거읍, 직산읍, 입장면 제외
주19) 강경읍, 연무읍, 성동면, 광석면, 노성면, 상월면, 부적면, 연산면, 벌곡면, 양촌면, 가야곡면, 은진면, 채운면 제외
주20) 유구읍, 이인면, 탄천면, 계룡면, 반포면, 의당면, 정안면, 우성면, 사곡면, 신풍면 제외
주21) 구룡포읍, 연일읍, 오천읍, 대송면, 동해면, 장기면, 호미곶면 제외

가 아닌 실거주가 목적이기에 지금 살고 있는 집은 바로 처분할 예정입니다. 고길동 씨가 후보로 고른 지역은 2022년 8월 기준 투기과열지구인 안양과 조정대상지역인 부천입니다. 고길동 씨는 이들 지역에서 매매가가 10억 원(KB시세 9억 원 초과 15억 원 이하)인 집을 찾았습니다. 그렇다면 이제 대출 한도를 계산해 볼 차례입니다.

◇ 투기과열지구에서 매매가가 10억 원일 때

투기과열지구에서는 KB시세 9억 원 초과 주택에 대해 LTV가 40%+20% 적용됩니다. 즉, 9억 원까지는 LTV를 40%로 계산하고 이를 초과한 금액은 LTV가 20% 적용됩니다. 투기과열지구에서 10억 원짜리 주택을 매수한다면, 9억 원의 40%와 나머지 1억 원의 20%를 합한 금액이 바로 최종 대출 한도가 됩니다.

$$(9억 원 \times 40\%) + (1억 원 \times 20\%) = 3억 8000만 원$$

◇ 조정대상지역에서 매매시세가 10억 원일 때

조정대상지역에서는 KB시세 9억 원 초과 주택에 대해 LTV가 50%+30% 적용됩니다. 즉, 9억 원까지는 LTV를 50%로 계산하고 이를 초과한 금액은 LTV가 30% 적용됩니다. 조정대상지역에서 10억 원짜리 주택을 매수한다면, 9억 원의 50%와 나머지 1억 원의 30%를 합한 금액이 바로 최종 대출 한도가 됩니다.

$$(9억\,원 \times 50\%) + (1억\,원 \times 30\%) = 4억\,8000만\,원$$

이처럼 KB시세가 같아도 지역에 따라 대출 한도는 1억 원 이상 차이가 날 수 있습니다. 만약 고길동 씨가 비규제지역에 있는 10억 원짜리 주택을 산다면 대출 한도는 '10억 원×70%', 즉 7억 원까지도 대출받을 수 있습니다.

한편 투기과열지구에서는 15억 원 초과 아파트에 주택담보대출이 나오지 않습니다. 하지만 모든 규제는 정권의 성향에 따라, 시장 분위기에 따라 시시각각 변할 수 있습니다. 윤석열 정부는 후보 시절부터 공약에 LTV를 단순화할 것이고, 대출 규제를 정상화하겠다고 약속했습니다. 그 첫 번째 정책으로 2022년 8월 1일부터는 생애최초 주택구매자에게 지역과 주택 가격에 상관없이 LTV 80%를 일괄 적용합니다. 태어나서 한 번도 집을 매수한 적 없다면 이번 계기로 LTV 최대 한도를 누릴 수 있게 되었습니다. [대출 한도 계산은 한결 수월해졌지만, 소득을 따지는 'DSR 40%' 규제는 그대로 적용됩니다.]

또한 이번 정부는 추후 시장 상황을 지켜보면서 생애최초를 제외한 모든 무주택자와 1주택자에게 LTV를 70%로 단일화하겠다는 계획을 내놓았습니다. 2022년 8월 기준 다주택자는 주택을 매매할 때 투기과열지구와 조정대상지역에서 주택담보대출을 받을 수 없고, 규제지역에서는 1주택자도 주택을 처분한다는 조건에 동의해야 합니다. 그래도 2022년 8월 1일부터는 '6개월 이내 처분과 6개월 이내 전입' 조건이 '2년 이내 처분(전입 조건은 폐지)'으로 그 기간이 다소 늘었습니다.

더불어 정부는 보유한 주택 수에 따라 다주택자에게도 LTV를 30~40% 차등 적용한다는 가능성도 열어두었습니다. 하지만 실제로 그 공약이 이행될지, 된다면 그 시점이 언제부터인지는 그 누구도 장담할 수 없습니다. 따라서 현재의 시점에서 어떤 규제가 작동하고 있고, 실제로 내가 대출받을 시점에 무엇이 달라졌는지를 스스로 체크해 보는 수밖에 없습니다.

마찬가지로 규제지역(투기과열지구·조정대상지역) 또한 그동안

정부의 발표에 따라 수시로 바뀌어왔습니다. 변화한 규제지역을 쉽게 알아보려면 '호갱노노' 애플리케이션을 활용하길 바랍니다. '규제'라는 탭을 클릭하면 지도와 색깔로 한눈에 규제지역을 파악할 수 있습니다.

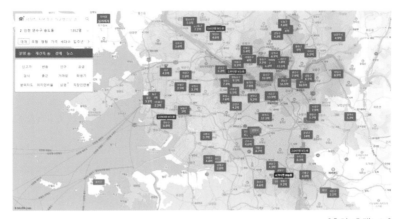

[출처: 호갱노노]

이쯤에서 한 가지 오해를 짚고 넘어가 보려 합니다. 흔히 세입자가 들어가 있는 집을 매수할 때, 세입자의 전세보증금에 별도로 LTV 한도만큼을 더 추가하여 대출받을 수 있다고 잘못 생각하는 분들이 많습니다. 하지만 LTV 안에는 세입자의 전세보증금도 포함됩니다. 만약 고길동 씨가 투기과열지구에 있는 10억 원짜리 집을 매수했는데 그 집에 전세입자가 살고 있고 전세보증금이 3억 원이라면, 당초 받을 수 있었던 대출금 3억 8000만 원에서 3억 원이 빠진 8000만 원만 대출을 받을 수 있다는 의미입니다.

3억 8000만 원(LTV 한도) − 3억 원(세입자의 전세보증금) = 8000만 원

따라서 LTV를 계산할 때는 주택담보대출금은 물론이고, 세입자의 전세보증금까지 포함시켜야 한다는 것을 기억하길 바랍니다.

Plus Check!

MI대출

조정대상지역에서 LTV를 70%까지 받을 수 있는 상품입니다. 서울보증(SGI)에서 보증하는 모기지보험(MI)에 가입해 한도를 20%p 더 높이는 방식입니다. 단, 무주택자 또는 1주택자(대출 실행일 당일 즉시 처분 조건)가 전용면적 120㎡ 이하의 아파트를 매수할 때 매매잔금을 치르는 목적으로만 이용할 수 있습니다.

대출 한도는 '매매 가격'과 'KB시세' 중 낮은 금액에 70%를 적용하며, 대출 상한액은 6억 원입니다. (매수하는 주택 가격에는 제한이 없습니다.) 단, 반드시 1년 이상 재직(사업)한 증빙 소득이 있어야 하며, DTI(174p) 40%와 DSR(165p) 50%도 꼼꼼히 따집니다. 조건이 까다롭긴 하지만, 조정대상지역에서 대출 한도가 절실할 때 MI 취급 금융 기관을 통해 신청하는 것도 고려할 만합니다.

LTV 80%를 적용하는 생애최초 주택구매자는 생애최초의 조건으로 대출을 받는 것이 금리 측면에서 더 유리할 수 있습니다. 다만, MI대출은 대출 금액이 조금 더 많은 대신 금리가 0.5% 정도 더 높을 수 있습니다.

DSR은 무엇이고, 대출 한도에 어떤 영향을 미치나요?

'DSR'에 대해 들어보았나요? 2022년 대출을 둘러싼 이슈 가운데 가장 뜨거운 아이콘이 아니었나 싶습니다. DSR의 존재감은 2021년 하반기부터 본격적으로 드러나기 시작했습니다. 2021년 4월 29일 발표된 '차주 단위 DSR 단계적 확대 도입 계획(일명 DSR 3단계)'에 따라 같은 해 7월부터 가계대출 총량 규제가 강화됐고, 2022년 8월 기준 '3단계'가 이미 시행돼 가계대출 총액이 1억 원을 넘는 차주에게는 'DSR 40%(제2금융권 50%)' 규제가 적용됩니다.

DSR 40%가 도대체 얼마나 대단하기에 "DSR 때문에 대출 못 받는다"라는 말이 나오는 걸까요? 먼저 DSR의 뜻부터 짚어보겠습니다. DSR이란 'Debt Service Ratio'의 약자로 '총부채원리금상환비율'을 의미합니다. 차주가 빌린 '모든 대출의 원리금(원금+이자)'을 합한 뒤 이를 차주의 연소득으로 나눈 '비율'입니다. 쉽게 말해 개인의 연봉과 기존에 받아두었던 부채를 고려해 '그 사람이 감당할 수 있는 만큼만' 새로운 대출을 허락하겠다는 의미입니다. 여기서 DSR을 40%로 제한한다는 건 "매년 당신의 연봉에서 40%만 은행에 갖다주어야 합니다"라는 뜻이지요.

DSR 40%를 쉽게 가늠해 보는 방법이 있습니다. 보통 자신의 연봉의 7.5배가 DSR 40%에 해당한다고 보는 것입니다(35년 만기, 연 금리 4% 기준). 금리 변동을 고려한다면 보수적으로 7배까지 생각해도 좋을 것입니다. 이에 따라 최근에는 보험사 대출을 선호하는 분들이 늘었습니다. 제2금융권(196p)에서는 DSR을 50%까지 허용하기 때문입니다. 따라서 제2금융권에서 주택담보대출을 받으면 연봉의 약 9배까지 대출 한도를 기대해 볼 수 있습니다. [단, 투기과열지구에서는 보험사 대출도 DTI(174p) 40%를 충족시켜야 합니다.]

이사를 계획하고 있는 고길동 씨를 다시 소환해 보겠습니다. 이번에는 고길동 씨가 과천에 있는 13억 원짜리 집을 매수하려고

DSR 예상 한도(만기 35년, 주택담보대출·신용대출 이자 4%일 때)

기존 신용대출금	DSR에 따른 예상 주택담보대출 한도	
	제1금융권(DSR 40%)	제2금융권(DSR 50%)
0원	연봉의 7.5배	연봉의 9.25배
연봉의 1/3일 때	연봉의 6배	연봉의 7.8배
연봉의 1/2일 때	연봉의 5배	연봉의 7배
연봉의 2/3일 때	연봉의 4.4배	연봉의 6.3배
연봉만큼일 때	연봉의 3배	연봉의 4.8배

합니다. 최대 대출 한도를 계산할 때는 가장 먼저 LTV를 따져봐
야 합니다. 과천은 투기과열지구이므로 주택 가격의 9억 원까지는
LTV 40%, 9억 원 초과분에는 LTV 20%가 적용됩니다.

$$(9억 원 × 40\%) + (4억 원 × 20\%) = 4억 4000만 원$$

LTV로만 계산하면 고길동 씨는 4억 4000만 원까지 대출을 받
을 수 있습니다. 그런데 고길동 씨에게는 하나의 관문이 더 남았습

니다. 바로 DSR 40% 조건입니다.

고길동 씨의 연봉은 5000만 원입니다. 그리고 외벌이 부부이지요. (부부는 소득을 합산할 수 있습니다.) 과연 고길동 씨가 LTV에서 허락된 만큼 모든 한도를 누릴 수 있을까요? 정확한 계산을 위해 DSR 계산기를 이용해 보겠습니다.

포털사이트에서 'DSR 계산기'를 검색하면 다양한 계산기를 무료로 이용할 수 있습니다. 그러나 막상 계산기를 열어보면 입력해야 할 숫자가 많아서 당황할 수 있습니다. 이때는 어렵게 생각하지 말고, '이제 막 대출을 처음 받은 사람'의 입장이 되어 각각의 숫자를 넣어보기 바랍니다. 대출금 '총액'에는 내가 받고자 하는 한도를 집어넣으면 되고, '잔액'에는 아직 1원도 갚지 않았으니 위에서 입력한 총액을 그대로 입력하면 됩니다. '대출 기간' 역시 아직 원리금을 1회도 갚지 않은 상황이니 만기 시점까지를 개월 수로 계산해 집어넣어 봅시다. 잔여 기간도 대출 기간과 똑같이 입력합니다.

고길동 씨의 연봉에 LTV 한도만큼을 입력하자 안타깝게도 제1금융권의 기준인 DSR 40%를 넘었습니다. 그래서 고길동 씨는 다시 자신의 소득에 맞는 대출 한도를 찾아서 역산해 보고자 합니다.

#	적요	금액	비고
1	연소득	50,000,000	입력값
2	총대출건수	1	(본건 포함)
3	**대출1**	**440,000,000**	**주택담보대출, 원리금균등분할상환, 금리 4%**
4	대출1 잔액	440,000,000	입력값
5	대출1 기간	420개월	전체 기간(잔여 420개월)
6	연원금상환액1	5,885,632	실제 상환액
7	연이자상환액1	17,492,875	실제 납부이자
8	총 원리금상환액	23,378,506	대출 원금 + 이자 상환액
9	**DSR**	**46.76%**	**총 원리금상환액 / 연소득 * 100**

[출처: http://부동산계산기.com]

'대출금 총액' 항목에 본인 연봉의 7.5배인 3억 7500만 원을 넣고 DSR 계산기를 돌려봤습니다.

그러자 가까스로 DSR 40%에 안착했습니다(DSR 39.85%). 결국 고길동 씨는 LTV와 DSR이라는 두 개의 허들을 뛰어넘고서야 최종 한도인 3억 7500만 원에 도달했습니다. 만약 고길동 씨에게 신

신용대출 유무에 따른 DSR 비교		
	신용대출 0원 + 주택담보대출 3억 7500만 원	신용대출 5000만 원 + 주택담보대출 3억 7500만 원
연봉 5000만 원 고길동 씨의 DSR	39.85%	63.51%

*금리 각각 4%, 주택담보대출 만기 35년, 신용대출 만기 5년일 때

용대출이 있었다면 한도는 더 줄었을 것입니다.

DSR 한도를 특히나 많이 잡아먹는 대출들이 있습니다. 바로 '신용대출'과 '비주택담보대출'입니다. 신용대출은 보통 만기가 1년입니다. 하지만 통상 다섯 번까지, 즉 5년간 연장할 수 있습니다. 그렇게 받은 신용대출은 매달 이자만 지불하고, 원금은 만기 시점에 한꺼번에 갚는 만기일시(191p) 상환 방식을 따릅니다.

그러나 DSR을 계산할 때만큼은 다릅니다. 사용하고 있는 신용대출을 DSR 계산기에 입력할 때는 '만기 5년'에 '원리금균등 상환'으로 입력해야 합니다. 실제로는 매달 이자만 갚고 있지만, DSR에서는 다달이 원금과 이자를 함께 갚고 있다고 셈하는 것입니다.

만기가 5년이라는 점이 가장 치명적입니다. 주택담보대출과

같이 30~40년씩 만기가 긴 대출은 '개월 수 분의 1'을 해도 원리금 상환 부담이 적습니다. 하지만 신용대출처럼 만기가 짧은 상품은 적은 액수를 빌려도 DSR에 큰 영향을 미칩니다. 오피스텔이나 상가와 같은 비주택담보대출도 만기를 8년으로 보기 때문에, 비주택담보대출이 있다면 DSR 40%를 맞추기가 상당히 어렵습니다.

이를 반대로 생각해 보면 어떻게 해야 DSR을 유리하게 만들지 알 수 있습니다. 만기가 짧은 신용대출과 비주택담보대출부터 먼저 갚는 것이지요. 이전까지는 LTV 한도가 낮아서 신용대출까지 끌어와 집을 사는 분들이 많았습니다. 하지만 이제는 그 신용대출 때문에 주택담보대출 한도에 제약이 생기고 있습니다. 한편 주택담보대출의 만기를 늘리는 것도 하나의 방법입니다. 만약 자신의 소득이 조금 부족하다면 30년보다는 40년짜리 상품을 취급하는 은행을 찾는 것도 좋은 전략입니다.

그런데 DSR을 따지지 않는 대출도 있습니다. 주택담보대출 가운데 디딤돌대출(207p)과 보금자리론(214p)은 DSR 계산에서 제외됩니다. (그 대신 DTI를 봅니다.) 또한 전세대출이나 청약중도금대출, 재건축·재개발 이주비 대출 등도 DSR 규제에서 벗어나는 대출입니다. 하지만 오해하지 말아야 할 것이 있습니다. DSR을 보지 않는 건 이들 대출을 실행할 때일 뿐, 다른 대출을 실행할 때는 이들이 '기존 부채'로써 DSR 계산에 영향을 미칩니다.

◆ 대출 실행 시 DSR 40% 적용 예외인 대출

① (주거 관련) 전세대출, 보금자리론 등 정책모기지, 이주비·중도금대출

② (생계 관련) 서민금융상품, 300만 원 이하 소액신용대출(유가증권담보대출 포함), 주택연금(역모기지론), 상용차금융, 할부·리스 및 단기카드대출

③ (기타 정책자금) 정책적 목적에 따라 정부·공공기관·지자체 등과 협약을 체결하여 취급하는 대출, 자연재해 지역에 대한 지원 등 정부 정책 등에 따라 긴급하게 취급하는 대출

④ 긴급 생계자금으로서 여신심사위원회 승인을 받은 주택담보대출

⑤ (그 외) 보험계약대출, 예·적금담보대출

장래 소득 인정 시 평균 소득 증가율(2022년 8월 기준)

연령 \ 만기	10~14년	15~19년	20년~	30년
20~24세	21.6%	32%	40.8%	51.6%
25~29세	16.8%	23.6%	28.4%	31.4%
30~34세	12.6%	16.1%	17.7%	13.1%
35~39세	6.2%	6.8%	5.3%	-

　마지막으로 DSR은 장래 소득을 인정해 줍니다. 아직 나이가 어려서 소득이 낮은 분들에게도 기회를 주겠다는 의도입니다. 다만 산정 방식은 은행마다 차이가 있으니, 은행에 직접 가서 "장래 소득으로 계산해 달라"라고 요청하며 이를 적용받는 편이 좋습니다. 또한 연봉 2400만 원 이하 청년은 건강보험료, 국민연금 등으로 체크하는 인정소득(259p)보다는 카드사용액 등으로 추정하는 신고소득을 활용하는 것도 좋은 방법입니다.

DTI

DSR 규제가 발표되기 이전에는 LTV와 DTI만을 따졌습니다. DTI는 'Debt To Income'의 약자로 '총부채상환비율'입니다. 기타 부채인 신용대출이나 비주택담보대출의 '원금'까지 보는 DSR과는 달리, DTI는 기타 부채의 '이자만'을 따집니다. 그렇기에 가계대출 한도에 제한을 걸고자 정부가 규제를 마련해도, DSR보다는 맞추기가 덜 까다로운 편입니다.

> DSR = (기존 대출 원금+이자) + (신규 대출 원금+이자) ÷ 연 소득
> DTI = (기존 주택담보대출 원금+이자) + (기타 대출 이자)
> + (신규 주택담보대출 원금+이자) ÷ 연 소득

2022년 8월 기준, DTI 규제는 다음과 같습니다. LTV와 같이 지역에 따라 차등 적용하고 있습니다.

지역에 따른 DTI 한도(2022년 8월 기준)

지역	투기과열지구	조정대상지역
DTI	40%(서민 실소유자 60%)	50%(서민 실소유자 60%)

정책 상품인 디딤돌대출과 보금자리론은 DSR을 따지지 않지만, 그 대신 DTI 요건에는 맞춰야 한다는 걸 기억하시기 바랍니다. [디딤돌대출 자격 요건(209p)과 보금자리론 자격 요건(215p)에서 확인하세요.]

◆ DSR을 유리하게 하는 10계명 ◆

① 소득을 늘린다.

→ 마음대로만 된다면 참 좋겠습니다.

② 만기를 길게 설정한다.

→ 40년 만기가 가능하다면 40년을, 그렇지 않다면 최대

35년이라도 권장합니다.

③ 이자 상환 방식은 '원리금균등 상환'을 선택한다.

→ '원금균등 상환'은 DSR에 처음 1년 치의 높은 원금을 포

함하기 때문에 불리합니다.

④ 만기가 짧은 대출은 재빨리 상환한다.

→ 신용대출, 자동차 할부, 학자금대출을 먼저 갚으면 DSR

이 확 줄어듭니다.

⑤ 금리가 싼 은행을 찾는다.

→ DSR 전략의 핵심은 '은행에 돈을 적게 주는 것'입니다. 이자를 줄이는 게 당연히 도움이 되겠죠?

⑥ DSR을 보지 않는 디딤돌대출과 보금자리론을 이용한다.

→ 단, 서민 실수요자 대출, 생애최초 주택구매자 대출, 적격대출은 DSR을 봅니다. (4장 참고)

⑦ 또는 DSR을 50%까지 인정하는 제2금융권의 대출을 이용한다.

→ DSR을 40%까지 인정하는 제1금융권보다 10%p 더 높습니다. (신용대출이 많을 때는 DSR 10%p 차이가 엄청납니다.)

⑧ 부부 합산 소득으로 인정받는다.

→ 단, 주택담보대출만 가능하며 그 외 대출에서는 DSR 부

부 합산이 불가능합니다.

⑨ 부부 합산 시 오히려 불리하다면, 한 사람에게 부채를 몰아
준다.

→ 한 명은 부채 없이 소득을 깨끗이 만들고, 만기가 짧은 대
출을 다른 배우자에게 몰아주는 방법입니다. 물론 대출은
부채가 없는 사람의 이름으로 받습니다.

⑩ 추정소득으로 최대 5000만 원까지 소득을 인정받는다.

→ DSR은 추정소득(신용카드 사용액, 건강보험료 납부 실적 등)도
비교적 많이 인정해 줍니다. 단, 디딤돌대출과 보금자리론
은 인정소득(건강보험료, 국민연금)만 따지고 추정소득은 허용
하지 않습니다.

금리는 무엇이고,
왜 은행마다 다른가요?

'금리'란 간단히 말해 빌린 돈에 붙는 이자나 그 비율을 의미합니다. '이자율'과 같은 뜻이지요. 그런데 왜 금리는 은행마다 다 다를까요? 언론에서는 연일 "한국은행 기준금리 0.N% 인상"이라고 보도하는데, 대출 금리는 이보다 훨씬 높은 게 의아합니다.

우선 대출 금리가 어떻게 형성되는지부터 짚어보겠습니다.

대출 금리 산출 방법

기준금리	+	가산금리	-	우대금리

기준금리	가산금리	우대금리
• COFIX + α • KORIBOR + α • CD 금리 + α • 금융채 금리 + α > 금융회사별로 차이 있음	• 업무원가 • 법적비용 • 위험 프리미엄 • 목표이익률 • 가감조정금리	• 금융회사와의 • 거래실적 등에 • 의해 결정 (신규 가입 가능) > 급여 이체, 자동이체, 신용카드실적, 예적금실적, 청약저축실적, 다자녀, 지점장전결 우대금리, 은행본사전결 우대금리

시중은행의 대출 금리는 은행마다 '기준금리'에 '가산금리'를 더한 뒤, 고객별로 적용되는 '우대금리'를 뺀 값으로 결정합니다.

그런데 이 '기준금리'부터가 은행별로 다 다릅니다. 많은 오해와 달리 시중은행은 한국은행에서 발표하는 기준금리를 지표로 활용하지 않습니다. (다만 참고는 합니다.) 그 대신 COFIX, KORIBOR, CD금리, 금융채 금리 중 하나를 골라서 자신들의 기준금리로 사용합니다. 이처럼 은행에서 이 네 개의 기준금리 가운데 어떤 것을 선택하느냐에 따라 금리의 간격이 벌어지기 시작하는 것입니다.

우리나라 주요 기준금리

구분	발표 기관	내용
COFIX	은행연합회	국내 주요 은행의 자금조달비용을 고려한 금리
KORIBOR		국내 은행 간 대차시장에서의 단기 기준금리
CD금리	금융투자협회	양도성 예금증서의 유통수익률 (3개월 CD금리 = 단기 기준금리)
금융채 금리	신용평가회사	신용등급별·만기별 무담보 채권의 유통금리

다음으로는 '가산금리'입니다. 이 가산금리 간에도 차이가 있습니다. 사실 가산금리야말로 은행의 재량입니다. 은행은 업무원가와 법적비용, 위험프리미엄, 목표이익률, 가감조정금리 등을 반영해 가산금리를 산정합니다. 이 금리가 얼마나 높게 설정되느냐에 따라 "무슨 주거래 은행이 이렇게 금리가 높아요?"라는 푸념을 듣기도 하는 것이지요. (하지만 가산금리가 높은 은행이 수익은 좀 더 높겠지요?)

마지막으로 '우대금리'는 고객의 선택에 따라 할인을 적용해 주는 금리입니다. 급여 이체나 공과금 자동이체, 신용카드 사용 실적 등의 요건을 갖추면 금리를 일정 부분 감면받을 수 있습니다. 물론 어차피 사용해야 할 신용카드이고, 어차피 받아야 할 월급이라면 대출받는 은행으로 옮겨서 금리 혜택을 누리는 게 좋겠습니다만, 금리 우대가 무조건 이득은 아니라는 점을 기억해야 합니다. 대출 금액이 크지 않은데 평소 신용카드도 잘 사용하지 않는다면 굳이 0.1% 남짓의 우대 조건을 맞추고자 불필요한 지출을 할 필요는 없다는 뜻입니다. 특히 청약통장 해지처럼 은행을 옮기는 게 더 큰 손해일 때는 과감히 금리를 포기하는 게 더욱 현명합니다. 기존 청약통장을 해지해야만 새로운 은행에서 청약통장을 가입할 수 있는데, 이런 경우 오랜 시간 소중히 부어온 기존 청약통장의 보유 기간이 사라지기 때문입니다.

　　그런데 기준금리, 가산금리, 우대금리 외에도 대출 금리를 결정하는 데 의외로 중요한 요소가 하나 더 있습니다. 바로 '대출을 받는 시기'입니다. 대출을 몇 월에 받는지가 왜 금리에 중요한 영향을 미칠까요? 부동산 투기 과열을 막기 위해 정부가 시행하는 '주택담보대출 총량 규제' 때문에 그렇습니다. 즉, 은행마다 1년에 할당된 대출 총량이 있다는 뜻입니다. 2021년 8월에 농협은행은 이미 "대출 중단"을 선언한 바 있습니다. 전국 방방곡곡에 지점이 많아서인지 할당된 대출 총량을 조기에 모두 소진해 버린 것입니다. 반면 같은 해 신한은행은 연말까지 대출 장사를 잘 꾸렸습니다. 금리 관리를 잘한 덕분에 신한은행은 1년 내내 높은 금리를 유지하면서 총량을 관리할 수 있었던 것입니다.

이처럼 은행의 영업 전략에 따라서도 대출 금리는 천차만별로 달라집니다. 또한 연말로 갈수록 실적을 다 채운 은행에서는 우대금리를 적용하는 데 소극적일 수 있습니다. 더 이상 대출 영업을 할 의지가 없으니, 해당 몫을 차라리 내년으로 넘기고 싶은 마음이지요. 그렇기에 어떤 은행에서 가장 좋은 금리로 대출을 받을지 고민된다면 기준금리와 가산금리, 우대금리와 대출받는 시기까지 모두 꼼꼼히 고려해 결정하길 바랍니다.

끝으로 은행 금리는 대출금이 나오는 '기표일'에 확정됩니다. 금리에 한해서는 대출 신청을 언제 했는지보다 대출 실행일이 언제인지가 더 중요합니다. 만약 대출 신청을 미리 해두었다면 기표일과 가까운 시점에 금리를 한 번 더 체크하는 편이 좋습니다. 그와 가장 근접한 금리로 실제 대출이 실행될 테니까요. 종종 보험사에서는 대출 신청일의 금리를 적용해 주기도 해서, 금리 상승기에는 미리 낮은 금리를 예약한다는 마음으로 보험사에 서류를 접수해 두는 것도 좋은 방법입니다.

고정금리와 변동금리 중
무엇이 더 유리한가요?

어느 날 고객에게 전화 한 통이 걸려 왔습니다. 그분은 저와 같은 시기에, 저와 같은 은행에서, 저와 같은 1년 변동금리 주택담보대출을 받은 고객이었습니다.

"뉴스에서 계속 금리를 올린다고 하는데…

지금이라도 고정금리로 갈아타는 게 좋을까요?"

"변동금리이지만 아주 낮은 금리를 이용하고 계세요.

그리고 아직 대출을 실행한 지 3년도 안 돼서

중도상환수수료를 생각하셔야 해요."

여러분에게 고정금리와 변동금리 중 어떤 걸 선택해야 할지 그 이론을 들려드린다면 다음과 같이 말할 수 있습니다.

"앞으로 시중 금리가 내려갈 것으로 예상된다면 변동금리가 유리

합니다. 반대로 시중 금리가 오를 것으로 예상된다면 고정금리가

좋습니다."

하지만 대출에는 '무조건 이래야 한다'는 공식 따위는 없습니다. 당장 나에게 어떤 금리가 더 이로울지는 내가 스스로 잘 따져 봐야 합니다. 금리가 상승하는 시기에도 누군가에게는 변동금리가 더 유리할 수 있습니다.

'고정금리'와 '변동금리', 그리고 '혼합금리'까지 그 정의부터 찬찬히 살펴보겠습니다.

먼저 '고정금리'입니다. 사실 고정금리는 '혼합금리'와 묶어서 생각해야 합니다. 만기까지 금리가 고정되는 것은 '(장기)고정금리'

이고, '혼합금리'는 보통 5년까지 금리가 고정되다가 이후에 변동됩니다. 흔히 은행에서 '고정금리'라고 부르는 것은 '혼합금리'에 해당하는 경우가 많습니다.

그렇다면 '(장기)고정금리'는 언제 쓸까요? 대표적으로는 디딤돌대출(207p), 보금자리론(214p), 적격대출(232p) 등 정책 상품에서 이를 사용합니다. 30년이든 40년이든 만기 시점까지 금리 변동이 일체 없습니다.

한편 고정금리와 변동금리가 결합한 '혼합금리'는 5년까지 금리가 고정됩니다. 은행에서는 '변동금리'와 구분하기 위해 고객에게 "고정금리"라고 설명하지만, 사실 한번 정해진 금리가 만기 시점까지 유지되지는 않습니다. 그래도 계속 금리가 상승할 것이라고 예고된다면 혼합금리가 변동금리보다는 이용하기에 심적으로 더 편안할 것입니다. 그러다가 5년 뒤에 바뀐 금리가 마음에 들지 않는다면 그때 가서 대출을 갈아타는 대환(247p)도 고려해 볼 수 있습니다.

한편 '변동금리'는 3개월, 6개월, 1년 등 일정한 주기에 따라 금리가 변동되는 상품입니다. 금리가 바뀌어야 유리한 상황은 언제일까요? 대출을 실행하는 지금 시점이 금리가 높다고 여겨지는 때입니다. 머지않아 금리가 하락할 것이 눈에 그려진다면, 나의 대출 금리도 함께 떨어질 수 있도록 변동금리를 택하는 편이 더욱 바람직합니다.

대출 금리의 종류

구분	고정금리	변동금리	혼합금리
내용	대출 실행 시 결정된 금리가 대출 만기까지 동일하게 유지	일정 주기(3·6·12개월 등)마다 기준금리 변동에 따라 대출 금리 변동	고정금리 방식과 변동금리 방식이 결합된 형태 (통상 일정기간 고정금리 적용 후 변동금리 적용)
장점	- 시중 금리 상승기에 금리 인상이 없음 - 대출 기간 중 월 이자액이 균일하여 상환 계획 수립에 용이	시중 금리 하락기에는 이자 부담 경감 가능	금융소비자의 자금계획에 맞춰 운용 가능
단점	시중 금리 하락기에 금리 인하 효과가 없어서 변동금리보다 불리함	시중 금리 상승기에는 이자 부담이 증가할 수 있음	
그래프			

[출처: 전국은행연합회]

하지만 서두에서도 말했듯이 대출에 '무조건'은 없습니다. 금리가 상승하는 시기에도 왠지 변동금리에 끌릴 수 있습니다. 머리로는 '고정금리(혼합금리)를 선택해야 해' 하면서도 마음속으로는 '변동금리를 고르고 싶어…' 하는 식이지요. 바로 고정금리와 변동금리의 금리 차이 때문입니다.

보통 금리 상승기에는 변동금리와 고정금리가 0.5~1%p 이상 차이 납니다. 가령 변동금리가 3.3%라면, 고정금리가 3.8%인 식이지요. 만약 주택담보대출로 3억 원을 빌렸다면 이 0.5%p 금리 차이로 인해 1년에 갚아야 할 이자가 150만 원(매월 12만 5000원) 늘어납니다.

저 역시 초보 시절에는 금리가 떨어질 것을 예측하지 못하고 고정금리로 대출을 받았다가 크게 후회한 적이 있습니다. 낮은 금리로 빨리 대출 갈아타기를 하고 싶었지만 중도상환수수료에 발목이 잡혀 꼼짝없이 높은 금리를 부담해야 했지요. 그렇게 크게 한번 데인 이후로는 주로 변동금리를 이용해 왔습니다. 금리가 올라도 고정금리보다는 금리 자체가 낮으니 싸게 잘 이용해 왔다고 자부합니다. (금리 상승기에는 변동금리보다 고정금리가 더 높습니다. 금리가 어떻게 움직일지는 사실상 정확하게 예측하기 어렵기 때문에 주택담보대출은 대부분 3년 이상 고정금리를 선호하는 편입니다.)

그런데 2022년 7월 미국은 자이언트 스텝[미국 연방준비제도(Fed)가 물가 조정을 위해 기준금리를 0.75%p 인상하는 것]을 예고했습니다. 인플레이션을 잡기 위해 금리를 계속해서 크게 올리겠다는 기조입니다. 저처럼 변동금리를 이용한 사람들의 걱정이 늘어나는 시기입니다. 이럴 때일수록 '지금 금리가 높다 = 무조건 변동금리는 나쁘다' 혹은 '고정금리는 무조건 좋다'라는 식의 이분법적인 판단을 지양해야 합니다.

　　그렇다면 대체 어떻게 해야 할까요? 고정금리와 변동금리라는 선택의 기로에 섰을 때 어떤 판단을 내려야 하는지, 여러분에게 중요한 팁을 하나 알려드리겠습니다. 바로 '대출을 이용하는 기간'을 따져보는 것인데요. 전세대출이나 신용대출, 오피스텔 대출처럼 만기가 짧은 상품일 때는 굳이 높은 이자를 감당하면서까지 고정금리를 이용할 필요가 없습니다. 고정금리와 변동금리가 1%p 정도 차이 날 때, 오히려 고정금리를 선택해 부담하는 이자의 총액이 더 클 수도 있기 때문입니다. 그렇다면 만기가 긴 주택담보대출을 받을 때에는 어떨까요? 그럴 땐 '언제 이사를 갈 것인지'를 따져봐야 합니다. 새로운 집에 이사 가는 일도 만만치 않은데 그다음 집까지 고려해야 한다니 머리가 아플 수도 있겠습니다. 하지만 우리는 이미 1장에서 모든 가능성을 열어두고 출발했습니다.

"그 집에서 한 번도 이사를 가지 않을 건가요?"

이 질문에 확신이 서지 않는다면 "만약 이사를 간다면 언제 갈 것 같나요?"라는 질문에 스스로 답해보길 바랍니다. 주택담보대출에 중도상환수수료가 사라지는 3년 뒤 이사를 계획하고 있다면, 이때 역시 고금리 시기에는 고정금리보다는 변동금리를 이용하는 게 더 유리할 수 있습니다.

긴가민가할 때는 좀 더 명확한 의사결정을 내리기 위해 '부동산계산기' 등 인터넷 이자계산기를 활용하는 것도 좋은 방법입니다. 모바일이나 PC 등에서 다양한 옵션을 적용하여 대출 예상 기간 동안 부담해야 할 고정금리의 상환액과 변동금리의 상환액을 비교해 보는 것입니다. (대출뿐만 아니라 세금과 각종 수수료도 미리 계산해 볼 수 있습니다.) 그렇게 계산기를 두들기다 보면 오히려 심플하게 답을 내릴 수 있을지도 모릅니다.

원금균등, 원리금균등, 만기일시, 체증식…
이자 상환 방식은 어떻게 다른가요?

대출 한도를 정하고 금리를 조율한 뒤 만나는 마지막 선택의 관문, 이자 상환 방식입니다. '원금균등', '원리금균등', '만기일시'라는 단어만 보면 어렵게 느껴지지만 사실 그 구조는 간단합니다. 다음 페이지의 그림을 함께 보면서 이해해 보겠습니다.

먼저 원금균등 방식입니다. 만기 시점까지 원금을 균등하게 나눈 후에 매달 남아 있는 원금에 이자가 붙는 방식입니다. 다른 상환 방식에 비해 첫 달에 갚아야 할 금액이 상당히 크지만, 원금

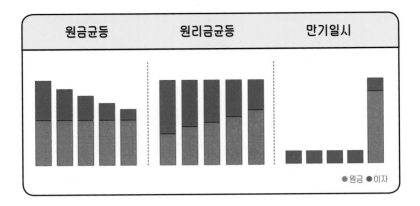

| 원금균등 | 원리금균등 | 만기일시 |

●원금 ●이자

을 빨리 상환하는 만큼 이자가 점점 줄어든다는 장점도 있습니다. 또한 만기 시점까지 내야 하는 이자의 총액이 다른 두 가지 방식에 비해 가장 적습니다.

그렇다면 원리금균등 방식은 무엇일까요? 원금균등이 만기 시점까지 원금을 균등하게 나누는 것이었다면, 원리금(원금+이자)균등은 만기 시점까지 원금과 이자의 총액을 균등하게 나누는 방식입니다. 즉, 매달 갚는 돈이 똑같습니다. 그 안에서 원금과 이자 비율이 은행의 계산에 따라 알아서 조정됩니다.

이 방식의 장점은 대출 초기에 상환하는 대출금이 원금균등 방식보다 적다는 것입니다. 물론 첫 달에는 원금보다 이자가 더 크기에, 이자로 나가는 돈이 아까울 수도 있습니다. 하지만 우리에게는 빚을 빨리 상환해야 한다는 다짐만큼이나 내 삶의 질도 중요합니다. 오로지 빚을 갚을 생각에 사로잡혀 가족들과 여행도 못 가고 외식도 못 한다면 집이, 부동산이 다 무슨 소용일까요. 하루하루의 시간은 천금을 주고도 사지 못하는 것이기에, 무조건 이자가 아깝다는 생각보다는 자신의 라이프스타일과 여러 가지 기회비용을 충분히 살펴 선택하길 바랍니다.

특히 최근에는 'DSR 40%' 규제 때문에 원금균등 방식을 선호하지 않습니다. 가령 1억 원을 대출받는다면, 원금균등 방식으로는 30년 동안 매달 원금을 똑같이 나눠 내기 때문에 첫 해에는 은행에 줘야 하는 상환금액이 많은 것처럼 느껴집니다. 예컨대 원금균등 방식으로는 첫해에 매달 원금과 이자로 60만 원씩을 부담한다면, 원리금균등 방식으로는 47만 원씩 부담하는 꼴입니다. (물론 원금균등 방식은 만기 시점에 가까워질수록 매달 상환액이 줄어듭니다.) 그런데 DSR을 계산할 때는 첫해의 상환액이 중요합니다. 다소 이자 부담이 크더라도 첫해에 원금을 조금씩 갚는 원리금균등 방식이 DSR에는 더 유리한 셈이지요.

그렇기에 '나는 은행에 이자를 많이 내고 싶지 않다'면 원금균등 방식을, 'DSR을 가득 채워서 대출 한도를 최대한 많이 받고 싶다'면 원리금균등 방식을 추천합니다.

(1) 원리금균등(단위: 원)				(2) 원금균등(단위: 원)		
	상환금	납입원금	이자		상환금	납입원금	이자
1	1,328,324	328,324	1,000,000	1	1,714,286	714,286	1,000,000
2	1,328,324	329,419	998,906	2	1,711,905	714,286	997,619
3	1,328,324	330,517	997,808	3	1,709,524	714,286	995,238
4	1,328,324	331,618	996,706	4	1,707,143	714,286	992,857
5	1,328,324	332,724	995,600	5	1,704,762	714,286	990,476

∴ 총이자 = 약 2억 5700만 원   ∴ 총이자 = 약 2억 1000만 원

위의 표는 주택담보대출로 3억 원을 받았을 때 매월 부담하는 상환 금액을 비교한 것입니다. (35년 만기, 연 금리 4%로 계산했습니다.) 35년 동안 내는 이자 총액은 원리금균등이 2억 5700만 원, 원금균등이 2억 1000만 원입니다. 하지만 원금균등의 매월 상환액은 원리금균등보다 더 크지요.

원금은 어차피 내가 갚을 돈이므로 '적금 붓는다' 생각하면 마음이 조금 편하지만, 그래도 나의 한정적인 월급 안에서 대출로 인한 고정비를 줄이고 싶다면 원리금균등을 선택하는 것도 좋은 전략입니다. 물론 월수입이 부족하지 않고 DSR에도 여유가 있는 분들이라면 당연히 이자가 적은 원금균등을 선택하는 게 더 낫습니다.

현재 주택담보대출에서 매매 건은 만기일시 상환 방식이 불가

능합니다. 만기일시 상환은 대출 기간 내내 이자만 내다가 만기 시점에 나의 원금 전액을 상환하는 것을 의미합니다. 그럼 만기일시 상환 방식은 언제 쓰일까요? 전세대출이나 신용대출, 오피스텔·상가 등의 비주택담보대출에서 사용됩니다.

한번 결정한 상환 방식은 대출을 해약하고 다른 상품으로 갈아타지 않는 한 바꿀 수 없습니다. 그러니 원금균등이든, 원리금균등이든, 만기일시 상환이든 남들이 시키는 방식이 아닌 내게 꼭 맞는 방식을 찾아서 신중하게 선택하길 바랍니다.

Plus Check!

체증식 상환 방식

정책 상품인 디딤돌대출(207p), 보금자리론(214p)에만 적용되는 상환 방식입니다. 만 40세 미만의 차주만 선택할 수 있습니다. 대출 초기에는 이자 위주로 갚다가, 원금 비중이 점차 늘어나는 방식입니다. 초반에는 원금 부담이 1만 원 이하로 극히 적기 때문에 원금균등이나 원리금균등 방식보다 매달 부담하는 대출금이 적다는 장점이 있습니다.

다만 2022년 8월 기준 '50년 만기' 보금자리론에는 적용되지 않습니다. 따라서 보금자리론을 이용할 때는 40년 만기 체증식이 유리할지, 50년 만기 원리금균등 상환이 유리할지를 충분히 고민한 후에 선택할 것을 추천합니다.

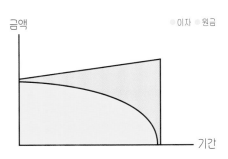

제1금융권과 제2금융권의
차이는 무엇인가요?

대출을 처음 받는 우리에게는 아무래도 제1금융권이 더 익숙합니다. 신한은행, 우리은행, 국민은행, 하나은행, 기업은행 등 지점도 많고 익숙한 '은행'을 제1금융권이라 통칭합니다. 한편 제2금융권은 은행을 제외한 모든 금융기관을 일컫습니다. 보험사, 증권사, 자산운용사, 저축은행 등이 이에 속합니다.

그렇다면 농협과 수협은 어디일까요? 많은 분들이 제2금융권으로 오해하고 있지만, 사실 농협중앙회와 수협중앙회도 은행입니다. 제1금융권인 것이지요. 그런데 '농협'과 '수협' 앞에 '지역명'이 붙는 경우가 있습니다. 가령 '영등포농협'과 같은 곳입니다. 그런 곳들은 '지역 농(수)협'으로, 제2금융권으로 분류된다는 점을 알아 두면 좋습니다.

"제2금융권에서 대출받으면 위험하지 않나요?"
"제2금융권을 이용하면 신용도가 급격히 하락한다던데…."

여러분이 생각하는 흔한 편견입니다. 이런 말을 들을 때면 저는 이런 농담으로 응수합니다.

"여러분은 돈을 빌리는 사람입니다. 돈을 빌리는 쪽이 더 위험할까요? 돈을 빌려주는 쪽이 더 위험할까요?"

제1금융권이든 제2금융권이든 여러분이 돈을 갚지 않을 수도 있다는 리스크를 짊어지는 쪽은 상대편입니다. 따라서 상대가 은행이든 제2금융권이든 우리가 크게 무서워할 이유는 없습니다.

신용도도 그렇습니다. 제1금융권에서 돈을 빌려도 여러분의 신용도는 떨어집니다. 다만 이자를 잘 내면서 연체 없이 사용한다면 신용도도 금방 회복됩니다. 제1금융권이냐, 제2금융권이냐를 떠나 내 상황에 가장 좋은 조건을 제시하는 곳이라면 굳이 마다할 이유가 없다는 걸 말씀드리고 싶습니다.

제1금융권과 제2금융권의 차이

구분	장점	단점
제1금융권	- 지점 수가 많다. - 다양한 금융 상품을 취급하며 여러 종류의 거래를 한곳에서 할 수 있다(입출금, 보험, 펀드, 공과금 납부, 환전 등).	- 대출을 받는 조건이 까다롭다(담보가 없거나 신용등급이 낮으면 어렵다). - DSR 40%가 적용된다.
제2금융권	- 빠르고 손쉽게 대출받을 수 있다(일반사업자대출, 다주택자 전세대출에 유리하다). - DSR 50%가 적용된다. - 부수거래 조건과 중도상환수수료가 없는 상품도 있다.	- 지점 수가 적다. - 제1금융권에 비해 금리가 높은 편이다.

처음에는 무조건 "제1금융권이야!" 하던 분들도 점점 투자를 경험하면서 제2금융권으로 마음이 기운다고 말합니다. 제2금융권 이 비교적 대출이 더 잘 나오는 경우가 많기 때문입니다. 또 다주

택자 전세대출이나 일반사업자대출을 받을 때도 더 유리하고요. 중도상환수수료가 없는 상품도 있어서, 예전에는 경매로 '단타' 투자를 할 때 최고의 파트너가 되어주기도 했습니다. (은행의 주택담보대출은 보통 3년이 지나고서야 중도상환수수료가 사라집니다.)

하지만 최근에는 그 무엇보다도 'DSR 40%' 규제가 적용되면서 제2금융권이 각광받고 있습니다. 은행에서는 DSR 40% 범위 안에서 대출금이 나오지만, 제2금융권에서는 DSR을 50%까지 인정해 주기 때문입니다. 그러니 소득이 적어서, 신용대출이 많아서 'DSR 40%' 조건을 만족시키기 어려울 때는 제2금융권을 이용하는 것도 똘똘한 전략이 될 수 있습니다.

Plus Check!

카드론이 신용점수에 미치는 영향

제2금융권이 괜찮다고 해서 '카드론'을 써도 좋다는 의미는 아닙니다. 카드론은 카드사에서 취급하는 대출로 분류됩니다. 특히 우리카드, 신한카드, 삼성카드, 현대카드 등 여러 장의 카드를 사용해 일명 '돌려막기'를 하면, 다중채무자가 됩니다. 각각의 카드사가 하나의 은행처럼 취급되기 때문입니다. 여러 은행에서 동시다발적으로 채무를 일으켰다는 것은 차주의 재정 상태가 상당히 열악해졌다는 것을 의미하므로, 신용점수에 굉장히 나쁜 영향을 미치게 됩니다.

줄어든 대출 한도의 비밀!
방공제

"투기과열지구에서는 LTV가 40%까지 나오는 거 아닌가요? 저는 왜 5000만 원이 깎여서 나온 거죠?"

거의 울기 직전의 목소리로 저를 애타게 찾는 분들이 있습니다. 특히 연말에 가까워질수록 이런 분들을 자주 만납니다. 그분들의 요지는 '왜 한도에 맞게 LTV가 나오지 않느냐'는 것입니다. 대체 왜 그런 걸까요? 사실 대출 한도에는 '방공제'라는 비밀이 숨어 있습니다.

방 하나를 뺀다고요?

12월쯤 은행에 가서 대출을 신청하면 이런 말을 듣게 됩니다.

"고객님의 대출 한도는 LTV에서 방 하나를 빼고 가능합니다."

'방 하나'를 뺀다는 것, 즉 '방공제'란 어떤 의미일까요? 경매를 경험해 본 분들이라면 아마 알고 계실 것입니다.

은행은 주택담보대출을 받은 집주인이 대출금을 갚지 못하면 해당 주택을 경매에 넘기고 대출금을 회수합니다. 은행은 1순위 변제 대상자이기 때문에 대출금을 확보하는 데 큰 문제가 없습니다.

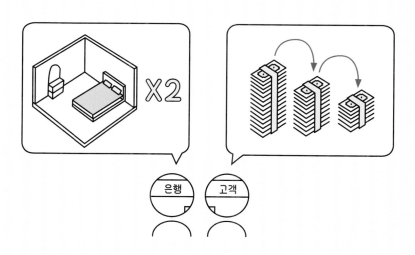

그런데 은행에서 대출이 실행된 시점보다 뒤늦게 세입자가 들어오게 된다면 어떻게 될까요? 그 세입자가 '소액임차인'에 해당한다면 문제는 복잡해집니다.

주택임대차보호법에 따라 소액임차인에게는 '최우선변제권'이 주어집니다. 은행은 자신이 1순위인 줄로만 알고 대출을 승인해주었는데, 최고로 우선해서 변제받을 '굴러들어 온 돌'이 따로 생겼다니, 여간 난감하지 않을 수 없겠지요.

지역에 따른 소액임차보증금 범위와 최우선변제금(2022년 8월 기준)

지역	소액임차인 기준 보증금	최우선변제금
서울특별시	1억 5000만 원	5000만 원
과밀억제권역(서울특별시 제외), 세종특별자치시, 용인시, 화성시, 김포시	1억 3000만 원	4300만 원
광역시, 안산시, 광주시, 파주시, 이천시, 평택시	7000만 원	2300만 원
그 밖의 지역	6000만 원	2000만 원

그래서 은행은 미리 대비책을 마련해 놓습니다. 애초에 지역 LTV 한도에서 '방 개수'만큼 가격을 공제한 뒤 대출금을 내어주는 것입니다. 방마다 세입자가 들어갈 수 있다고 가정하는 것인데,

세입자를 여러 명 들일 수 없는 아파트에서는 방 하나만을 공제합니다.

> 지역 LTV 한도 – (방 개수 × 최우선변제금)
> = 방공제 후 최종 대출 한도

그러면 또 많은 분이 이렇게 이야기합니다.

"엇! 저는 LTV만큼 한도를 모두 다 받았는데요?"

네, 대부분 그러셨을 것입니다. 은행에서 대출 영업을 활발히 하는 시기에는 은행이 자체적으로 보험에 가입해 방공제를 막아줍니다. 특히 MCI(Mortgage Credit Insurance, 모기지신용보험)라는 보험은 보증료를 은행에서 직접 부담합니다. 따라서 이 사실을 굳이 고객에게 알려주지 않으면, 고객은 그저 'LTV만큼 한도가 잘 나왔구나!'라고 생각하고 마는 것이지요.

하지만 은행이 실적을 다 채우고 대출 총량을 관리하는 시기에는 그렇게까지 고객에게 성심과 성의를 다하지 않습니다. 원칙

MCI와 MCG 비교

구분	MCI	MCG
보증기관	서울보증보험(SGI)	한국주택금융공사(HF)
보증료 부담	취급한 금융기관	고객 부담(0.05~0.1%)
취급 금융기관	대부분의 금융기관	제1금융권
대상 주택	아파트, 연립, 다세대, 단독주택	아파트, 연립, 다세대, 단독주택, 다가구, 상가주택, 오피스텔, 노인복지주택
제3자 담보 제공 (소유주 사정으로 채무를 상환할 수 없을 시 제3자가 대신 채무자가 되는 것)	가입 가능	가입 불가(차주나 부부 공동소유만 가능)
가입 가능 건수	1인당 2건	세대당 2건

대로 방공제를 한 금액만큼 한도를 내주는 것입니다. 이미 자금조달계획을 마친 고객으로서는 황당할 수밖에 없겠지요.

이럴 때는 자신이 직접 은행에 가서 MCI에 가입해 달라고 요구해야 합니다. 그것이 마땅치 않다면 스스로 보증료를 부담해서라도 MCG(Mortgage Credit Guarantee, 모기지신용보증)에 가입해야 합니다. 은행은 비용 부담과 번거로움 등의 이유로 굳이 고객에게 이와 같은 정보를 제공하지 않을 수 있습니다. 그러니 본인이 알아서 잘 숙지해 두어야 합니다. 'LTV만큼 한도가 나오지 않았다, 그런데 마침 연말이다' 할 때는 방공제를 의심하고, 끝까지 대출 한도를 늘리는 방법을 찾아나서야 합니다.

4장

예비 1주택자가
가장 사랑하는
최고의 주택담보대출 5

디딤돌대출은
금리가 가장 저렴한가요?

이번 장에서 다룰 일명 '대출 5총사'는 우리가 기본적으로 적용받는 LTV에 특별 우대가 가미된 상품입니다. 그러니 '대출은 은행에서 알아서 해주겠지…' 하며 바로 은행으로 달려가지 말고, 그 전에 다음 상품들에 내 조건이 부합하는지를 꼭 한번 따져보길 바랍니다. 또한 '대출 5총사'를 깊이 들여다보면 나만의 레버리지 전략을 세울 수도 있습니다. 이들이 각각 요구하는 자격 요건에 딱 맞는 집을 찾기만 한다면, 우리는 그 누구보다 대출 한도를 가득 받아서 내 돈이 가장 적게 드는 방법으로 나만의 소중한 보금자리를 장만할 수 있습니다.

먼저 정책 상품인 디딤돌대출부터 살펴보겠습니다. 디딤돌대출은 차주의 연소득과 주택 가격의 상한가를 타이트하게 보는 편입니다. 하지만 그 어떤 주택담보대출보다 금리가 저렴하다는 장점이 있습니다. 2022년 8월 기준 은행 금리가 4.2~4.8%(5년 고정금리)인 데 반해 디딤돌대출은 2.15~3%의 금리를 유지하고 있습니다. 가장 높은 금리가 적용된다고 해도 3%까지 가능하니 금리 혜택이 실로 큰 상품이지요. 같은 정책 상품인 보금자리론(214p, 2022년 8월 기준 30년 만기 아낌e보금자리론 금리 4.7%)과 비교해도 금리가 현저히 낮습니다. 여러분이 자격 요건에 부합하기만 한다면, 저는 가장 먼저 디딤돌대출을 염두에 두라고 말씀드리고 싶습니다. 아래는 디딤돌대출의 자격 요건입니다.

디딤돌대출은 부부 합산 연소득이 6000만 원 이하일 때, 5억 원 이하 주택에서 LTV 최대 70%까지 대출을 허용해 주는 상품입니다. 투기과열지구에서는 LTV를 최대 40%밖에 적용받을 수 없는데 이를 70%까지 누릴 수 있다는 점이 상당한 매력입니다. 단, 최

디딤돌대출 자격 요건(2022년 8월 기준)

주택 가격	5억 원 이하(전용면적 85m² 이하)
대출 대상	– 부부 합산 연소득 최대 6000만 원 　(생애최초·신혼부부·2자녀 이상 7000만 원) – 무주택 세대주
LTV	70%
대출 상한액	2억 5000만 원(신혼부부 2억 7000만 원, 2자녀 이상 3억 1000만 원)
금리	2.15~3%(고정금리 또는 5년 단위 변동금리)
대출 기간	10년, 15년, 20년, 30년(1년 거치 가능)
특이사항	– DSR 적용 X(단, DTI 60% 이내) – 매매잔금만 가능(전세퇴거자금대출 불가) – 만 30세 이상 미혼 단독 세대주 대출 제한: 전용면적 60m² 　이내, 주택 가격 3억 원 이하, 대출 상한액 1억 5000만 원
추가 주택 매수	금지 규정 없음

대 대출 한도는 2억 5000만 원으로 낮습니다. 그래도 세대원 구성이 어떻느냐에 따라 대출 한도와 소득 기준, 우대 금리가 늘어나기도 합니다.

　그런데 아무리 봐도 한도가 조금 아쉽습니다. 디딤돌대출의 금리를 유지하면서 한도를 조금 더 늘릴 수 있는 방법은 없을까요? 여러분에게 그 방법을 알려드리기 위해 제가 있습니다! 디딤

돌대출의 조건은 충족하나, 디딤돌대출에서 최대 허용하는 2억 5000만 원보다 더 많은 돈을 빌리고 싶다면 '디딤돌대출+보금자리론' 조합을 추천합니다.

대출 한도도 많이 받고 싶고 금리도 싸게 받고 싶은 고길동 씨가 있습니다. 맞벌이 부부인 고길동 씨네 연소득은 6000만 원입니다. 그리고 마침 디딤돌대출 조건에 딱 맞는, KB시세 5억 원짜리 집을 찾았습니다. 그런데 대출 한도가 영 마음에 들지 않았습니다. 1억 원만 더 빌리면 숨통이 트일 것 같았지요.

그러던 중에 디딤돌대출과 보금자리론을 결합할 수 있다는 소식을 듣게 되었습니다. 뒤에서 자세히 다루겠지만, 보금자리론은 주택 가격이 6억 원 이하일 때 LTV 60~70%, 최고 한도 3억 6000만 원까지 대출이 가능한 상품입니다. 고길동 씨는 이 두 상품을 어떻게 결합해야 할까요?

고길동 씨는 우선 금리가 낮은 디딤돌대출의 최고 한도부터 받아야 합니다. 즉, 디딤돌대출로 2억 5000만 원을 먼저 주머니에 채워 넣어야 하는 것이지요. 그런 다음에 보금자리론의 한도가 얼마까지 나올 수 있는지를 체크합니다. 주택 가격이 5억 원일 때 LTV가 70% 적용된다면 대출 가능 금액은 3억 5000만 원(5억 원×70%)입니다. 그런데 이미 디딤돌대출로 2억 5000만 원을 빌렸으니, 허용된 LTV 70%(5억 원×70%) 중에서 50%는 이미 사용한 셈입니다. 따라서 고길동 씨는 보금자리론으로 최대 1억 원(3억 5000만 원-2억 5000만 원)을 더 빌릴 수 있습니다. 간단히 정리해 보면 다음과 같습니다.

▶ 주택 가격이 5억 원일 때
디딤돌대출 + 보금자리론

= 디딤돌대출 최고 한도 2억 5000만 원 + 보금자리론 1억 원
= 총 3억 5000만 원

물론 보금자리론만 활용해 3억 5000만 원을 전액 대출받으면 훨씬 간단합니다. 하지만 디딤돌대출과 보금자리론의 금리 차이를 무시할 수는 없습니다. 따라서 조금 번거롭더라도 디딤돌대출과 보금자리론을 함께 이용해 금리와 한도라는 두 마리 토끼를 잡아보길 바랍니다. 물론 금리는 디딤돌대출의 최고 한도만큼은 디딤돌대출 금리로, 나머지 보금자리론의 금액만큼은 보금자리론의 금리로 적용됩니다.

보통 주택담보대출을 은행 두 곳에서 나눠서 받으면 최종 대출 한도는 줄어들기 마련입니다. 첫 번째 은행이 근저당(장래에 생길 채권의 담보로서 저당권을 미리 설정하는 것, 114p)을 설정해 두기 때문입니다. 첫 번째 은행은 차주가 실제로 빌린 돈보다 110~120%의 권리를 미리 주장하기 때문에, 두 번째 은행에서는 이를 제외한 금액으로 대출 한도를 계산하게 되어 있습니다. (그저 간단하게 '대출해 주는 회사가 두 곳이면 최종 한도가 줄어든다' 정도만 기억하셔도 충분합니다.)

그런데 디딤돌대출과 보금자리론은 모두 정책 상품입니다. 즉, 회사가 한 곳인 셈입니다. 따라서 이 두 상품은 서로 결합해도 최종 대출 한도가 줄어들지 않습니다. 마치 하나의 대출 상품만을 이용한 것처럼 말이죠.

디딤돌대출은 소유권이전등기 접수일로부터 3개월 이내에만 신청할 수 있습니다. 즉, 세입자를 내보내는 전세퇴거자금(305p) 목적으로는 쓸 수 없고, 매매잔금 용도로만 사용할 수 있습니다. 보금자리론과 비교해 한 가지 이점이 더 있다면 '추가 주택 매수 금지 약정서'를 쓰지 않는다는 것입니다. 이 말은 곧, 주택을 추가 매수해도 대출이 회수되지 않는다는 뜻입니다. 또한 디딤돌대출은 DSR을 보지 않습니다.

대출 신청은 주택도시기금 홈페이지에서 가능하며, 개인정보를 입력한 뒤 승인이 떨어지면 은행에 서류를 제출합니다.

보금자리론은
DSR에 적용받지 않나요?

보금자리론은 디딤돌대출과 함께 가장 많이 사랑받는 대표적인 정책 상품입니다. 디딤돌대출보다 연소득·주택 가격·대출 상한액이 높고, LTV를 최대 70%까지 인정받을 수 있으니 6억 원 이하 주택을 매수할 때 가장 널리 사용되는 대출입니다.

무엇보다 보금자리론에는 두드러진 장점 하나가 있습니다. 바로 악명 높기로 소문난 'DSR 40%' 규제를 적용받지 않는다는 점입니다. 그러니 소득이 적어서 은행의 DSR 한도가 충분히 나오지

보금자리론 자격 요건(2022년 8월 기준)

주택 가격	6억 원 이하
대출 대상	- 부부 합산 또는 본인 최대 7000만원[신혼부부(혼인신고일로부터 7년 이내 또는 결혼예정자) 8500만 원, 1자녀 8000만 원, 2자녀 9000만 원, 3자녀 이상 1억 원] - 무주택 또는 1주택 세대주
LTV	- 투기과열지구·조정대상지역: 아파트 60%(기타 주택 55%), 실수요자 요건 충족 시 70% - 그 외 일반지역: 70%
대출 상한액	3억 6000만 원(3자녀 이상 4억 원)
금리	은행 상품보다 약 0.5% 저렴, 장기 고정금리
대출 기간	10년, 15년, 20년, 30년, 40년, 50년(50년은 2022년 8월부터)
특이사항	- DSR 적용 X(단, 투기과열지구·조정대상지역 DTI 최대 50%) - 체증식 상환, 체감식 상환 가능
추가 주택 매수	불가(1년마다 검증)

않는 분들에게는 보금자리론이 훌륭한 대안이 되어줍니다.

앞서 말했듯 보금자리론은 6억 원 이하 주택을 매수할 때만 받을 수 있습니다. 여기서 말하는 '6억 원'은 매매 가격과 KB시세 모두를 의미합니다. '대출받을 땐 KB시세가 중요하니까 매매가는 6억 원이 넘어도 괜찮겠지?'라고 생각했다면 큰일을 치를 수 있습니다. 다시 한번 강조하건대 보금자리론에서는 매매 가격과 KB시세 모두 6억 원 이하여야 합니다.

또 많은 분들이 헷갈려 하는 점이 있습니다. "6억 원 이하 주택에서는 한도가 70% 나온다면서요. 그런데 저는 왜 60%밖에 안되죠?" 이런 질문을 하는 분들은 대부분 규제지역(투기과열지구·조정대상지역)에서 주택을 매수한 분들입니다. 사실 보금자리론에는 '실수요자 요건'이라는 게 따로 있습니다. 이는 규제지역에만 적용되는데, 다음 요건을 충족시킨 사람들만 LTV를 최대 70%까지 받을 수 있습니다.

규제지역 주택 매수 시 보금자리론 실수요자 요건

요건	기준
연소득	부부 합산 7000만 원 이하
주택 가격	5억 원 이하
주택 보유수	본 건을 제외하고 다른 주택을 보유하고 있지 않은 무주택자(구입 용도)

주택 가격을 보면, 5억 원 이하의 주택에서만 실수요자 요건을 적용해 준다고 되어 있습니다. 즉, 투기과열지구·조정대상지역

에서 '5억 원 초과~6억 원 이하' 주택을 매수한 사람은 '실수요자' 범위에서 벗어나는 것이지요. 이때는 보금자리론에서 규제지역에 적용하는 기본 LTV인 60%만을 적용합니다. 그래도 시중 은행의 일반 LTV보다는 10~20%p 높은 한도입니다.

투기과열지구·조정대상지역 내 5억 원 이하 주택
→ LTV 70%

투기과열지구·조정대상지역 내 5억 원 초과 6억 원 이하 주택
→ LTV 60%

보금자리론에는 '실입주' 조건도 있습니다. 대출을 실행하고 나서 3개월 이내에 전입신고를 해야 하고, 1년 동안 거주를 유지해야 합니다. 1주택자는 기존 주택을 투기과열지구라면 1년 이내에, 그 밖의 지역에서는 2년 이내에 처분하는 조건으로만 이용할 수 있습니다.

또한 보금자리론을 받고 나서는 다른 주택을 추가로 매수할 수 없습니다. 이는 1년마다 철저히 검증하며, 만약 주택을 추가로 매수한 사실이 발각되면 즉시 대출이 회수되고 3년 동안 보금자리

론을 이용할 수 없습니다. 따라서 집을 추가로 매수할 계획이 있는 분들이라면 아예 보금자리론을 받지 않는 게 더 좋은 전략입니다.

그럼에도 시중 은행보다 비교적 저렴한 고정금리를 만기 시점까지 이용할 수 있다는 점은, 금리 상승기에 더없이 유리한 혜택입니다. 아울러 보금자리론에는 체증식 상환(191p) 방식이 있습니다. 다른 대출에는 적용되지 않는 이자 상환 방식으로, 초기에 상환하는 원금이 극히 적어서 매달 대출금으로 부담하는 고정비를 크게 낮출 수 있습니다. 다만 체증식 상환 방식은 만 40세 미만만 선택할 수 있습니다.

보금자리론의 만기는 10년부터 40년까지이며, 2022년 8월부터는 50년 만기도 신설되었습니다. 단, 40년 만기 상품은 만 39세 이하 청년 또는 신혼부부만 고를 수 있고, 50년 만기 상품은 만 34세 이하 청년 또는 신혼부부에게만 적용됩니다. (2022년 8월 기준, 50년 만기 상품에는 체증식 상환을 이용할 수 없습니다.)

한국주택금융공사(HF) 홈페이지에 들어가 보면 보금자리론의 종류가 세 가지나 나옵니다. 본질은 같고 누구를 통해 신청하느냐에 따라 차이가 있을 뿐입니다. 그중에서도 '아낌e보금자리론'이

보금자리론의 종류 및 대출 신청 방식

	아낌e보금자리론	u-보금자리론	t-보금자리론
특징	자료 입력부터 제출까지 모든 과정을 스스로 해결 (금리 우대)	대출상담사를 통해 대출	은행에 방문해서 대출

인기가 많은 편입니다. 은행원이나 대출상담사가 도와주지 않고 스스로 대부분의 과정을 처리하기에 금리를 0.1%나 우대받는 것입니다. 실제로 한번 해보면 혼자서 처리해도 대출 승인까지 큰 어려움이 없기 때문에, 저 역시 아낌e보금자리론을 가장 추천합니다.

더불어 보금자리론은 매매잔금뿐만 아니라 전세퇴거자금(305p)으로도 활용할 수 있으며, 금리는 대출 신청일과 대출 실행일 사이에 가장 낮은 금리로 책정된다는 점을 기억하면 좋습니다.

보금자리론은 혜택이 큰 만큼 세부 조항도 많아서 설명해 드릴 점이 많았습니다. 규제지역에서의 대출 한도부터 세대 구성원에 따른 연소득 기준, 이자 상환 방식과 만기 설정까지 여러분 앞에 놓인 다양한 선택지가 있으니 헤매는 일 없이 차근차근 허들을 뛰어 넘기를 바랍니다.

'보금자리론+은행 주택담보대출' 결합

보금자리론은 증빙소득(원천징수영수증, 소득금액증명원, 갑종근로소득세)과 인정소득(지역건강보험료 납부내역, 국민연금 납부내역)이 있는 사람들만 받을 수 있는 대출입니다. 따라서 실제로 증빙할 수 있는 소득이 적은 분들이라면 DTI(174p) 규제로 인해 한도가 많이 나오지 않을 것입니다. 이때는 보금자리론과 은행의 대출을 결합해 사용할 수 있습니다. 은행에서는 카드사용액 등 신고소득도 소득으로 인정해 주기 때문에 주부나 프리랜서들에게는 조금 더 유리합니다.

다만 보금자리론과 은행의 대출을 함께 받으면 대출이 2건으로 잡힙니다. 또한 은행은 먼저 받은 보금자리론에 근저당을 110% 설정한 뒤 자신들의 대출 한도를 설정하기 때문에, 오히려 대출금 전액을 은행에서 받는 것보다 최종 한도는 줄어들 수 있습니다.

서민 실수요자 대출로
LTV를 우대받을 수 있나요?

디딤돌대출과 보금자리론의 허들을 넘지 못한 분들에게 한 줄기 빛과 같은 제도가 하나 더 있습니다. 바로 '서민 실수요자 대출'입니다. 주택 가격의 상한이 투기과열지구에서는 9억 원, 조정대상지역에서는 8억 원으로 앞에서 본 다른 두 대출보다 월등히 높고, LTV 역시 시중 은행 상품보다 대출 한도가 20~30% 더 늘어날 수 있습니다.

서민 실수요자 대출 자격 요건(2022년 8월 기준)

구분	투기과열지구	조정대상지역
대출 대상	무주택 세대주	
연소득	부부 합산 연소득 9000만 원 이하	
주택 가격	9억 원 이하	8억 원 이하
대출 상한액	4억 원	
LTV	6억 원 이하: 60% 6억 원 초과분(~9억 원): 50%	5억 원 이하: 70% 5억 원 초과분(~8억 원): 60%
DTI	60%	
DSR	40%(제2금융권 50%)	

서민 실수요자 대출로 받을 수 있는 최고 대출 금액은 4억 원입니다. LTV는 지역에 따라 차등 적용됩니다. 그렇다면 이 두 가지 모두를 고려해 가장 레버리지를 잘 받을 수 있는 주택 가격은 얼마일까요? 미리 계산해 본 결과 투기과열지구에서는 6억 8000만 원, 조정대상지역에서는 5억 8400만 원짜리 주택을 매수할 때 LTV 한도를 꽉 채우면서도 최고 대출 금액에 가장 근접한 대출을 받을 수 있습니다.

그럼 이제 투기과열지구에서 KB시세가 6억 8000만 원인 매물을 살펴보면서 서민 실수요자 대출을 받았을 때와 받지 않았을 때의 대출 금액 차이를 비교해 보겠습니다.

매매	**104Am²**	동일시세 전용면적(㎡)
KB시세 ❓ 2022.07.01 업데이트		최근 실거래가
6억 8,000만		**5억 2,800만**
상위평균가 7억		(2020.06 / 9층)
하위평균가 6억 5,500		매물평균가 -

[출처: KB부동산]

▶ 투기과열지구 내 6억 8000만 원 아파트 매수 시

서민 실수요자 대출 이용

= (6억 원 × 60%) + (8000만 원 × 50%)

= 3억 6000만 원 + 4000만 원

= 4억 원

▶ 투기과열지구 내 6억 8000만 원 아파트 매수 시

일반 LTV(40%) 적용

= 6억 8000만 원 × 40%

= 2억 7200만 원

같은 집을 놓고 보더라도 서민 실수요자 대출을 이용하면 1억 2800만 원을 더 대출받을 수 있습니다. 우리는 모두 절박하게 집을

구매합니다. 그런 상황에서 1000만 원이란 돈이 얼마나 소중하고 절실한지 우리 모두가 잘 알고 있습니다. 하물며 1억 원 이상을 더 대출받을 수 있다면 어떨까요? 무조건 서민 실수요자 대출을 받는 게 더 이득 아닐까요?

다만 서민 실수요자 대출은 전세퇴거자금(305p) 목적으로 사용할 수 없습니다. 오직 소유권이전등기 접수일 당일만 매매잔금 용도로만 신청할 수 있습니다. 또한 대출 신청 당일에 반드시 무주택 세대주여야 합니다. 1주택자가 처분 조건으로 받는 것도 불가능합니다. 즉, 기존 집을 처분한 뒤 (최소한 대출 심사 기간만이라도) 공백기를 두지 않는다면 갈아타기 용도로는 활용할 수 없는 대출인 셈입니다.

아울러 서민 실수요자 대출에는 'DSR 40%(제2금융권 50%)' 규제가 적용됩니다. 서민 실수요자에게 혜택을 주는 제도이긴 하지만 소득이 어느 정도 받쳐주지 않으면 최고 한도액만큼 대출을 다 받을 수 없습니다. 이 DSR 40% 규제가 얼마나 무시무시한지는 바로 다음에 만나볼 생애최초 주택구매자 대출에서 자세히 살펴보겠습니다.

생애최초 주택구매자 대출로 LTV 80%까지 인정받을 수 있나요?

윤석열 정부의 첫 번째 대출 정책은 '생애최초 주택구매자 대출'입니다. 2022년 8월 1일에 시작된 이 정책은 그 이름만 봐도 '태어나 처음으로 내 집 장만을 하려는' 분들에게 얼마나 유용할지 짐작할 수 있습니다. 본래 서민 실소유자 대출에 있었던 '생애최초'에 대한 우대 요건을, 이번 정부가 들어서면서 마치 새 상품처럼 재탄생시킨 것입니다.

윤석열 정부가 시행한 생애최초 주택구매자 대출의 가장 큰 장점은 지역과 집값에 상관없이 무조건 LTV가 80%까지 적용된다는 점입니다. LTV 우대를 많이 받는다는 디딤돌대출이나 보금자리론, 서민 실소유자 대출도 LTV가 70%를 넘지 않는데 무려 LTV 80%라니, 그야말로 'LTV 끝판왕'이라고 부를 만합니다. 심지어 주택 가격을 따지지도 않습니다. 투기과열지구에서 대출이 금지된 15억 초과 아파트에도 대출이 가능합니다. 대출 한도는 무려 6억 원입니다.

생애최초 주택구매자 대출 자격 요건(2022년 8월 기준)

주택 가격	제한 없음
연소득	제한 없음
LTV	80%
DTI	60% 이하
DSR	40%(제2금융권 50%)
대출 한도	6억 원

다만 마냥 기뻐할 수만은 없는 조건이 하나 붙어 있습니다. 바로 'DSR 40%' 규제가 적용된다는 점입니다.

이번에는 생애 최초로 내 집 마련에 나선 고길동 씨를 만나보겠습니다. 그는 과천에서 13억 원짜리 집을 매수할 계획입니다. 과천은 투기과열지구이지만 생애최초 주택구매자에게는 크게 중요하지 않은 사항입니다. 고길동 씨는 단순하게 LTV 80%로 계산기를 두드려보았습니다.

13억 원 × 80% = 10억 4000만 원
→ but, 대출 상한액 6억 원

고길동 씨는 최고 한도 6억 원을 받을 수 있다는 생각에 너무나 기뻤습니다. 그런데 어딘가 허전하지 않나요? 네, 맞습니다. 'DSR 40%'라는 규제를 놓쳤네요. 고길동 씨의 연봉은 5000만 원입니다. 또 외벌이 직장인이지요. 그런 그가 만기 35년에 연 금리 4%로 주택담보대출을 받는다면, 과연 6억 원이 모두 그의 손에 들어올까요? 정확한 계산을 위해 DSR 계산기를 이용해 보았습니다.

'DSR 63.76%⋯.'

이 문구를 본 고길동 씨의 마음이 심란해졌습니다. 결국 3장에서 배운 DSR 간편 계산식에 따라 '연봉의 7.5배(3억 7500만 원)'를 DSR 계산기에 입력해 보았습니다.

신DTI DSR

☐ 기준일자 입력 ❓ ☑ 초년도 이자 기준 ❓

연소득 ❓ | 5000 | 만원

◆ 본건을 포함, 가지고 계신 모든 대출을 입력하세요.

종류	대출금	대출기간	금리	추가 ➕
주담대 ▼ 원리금균등 ▼	총액 60000 만원 잔액 60000 만원 만기 0 만원	총 420 개월 잔여 420 개월 거치 0 개월	4 %	삭제 ➖

계산 결과 ☑ 순번

계산서 1 🗐 🖨

#	적요	금액	비고
1	연소득	50,000,000	입력값
2	총대출건수	1	(본건 포함)
3	**대출1**	**600,000,000**	**주택담보대출, 원리금균등분활상환, 금리 4%**
4	대출1 잔액	600,000,000	입력값
5	대출1 기간	420개월	전체 기간(잔여 420개월)
6	연원금상환액1	8,025,861	실제 상환액
7	연이자상환액1	23,853,920	실제 납부이자
8	총 원리금상환액	31,879,781	대출 원금 + 이자 상환액
9	**DSR**	**63.76%**	**총 원리금상환액 / 연소득 * 100**

[출처: http://부동산계산기.com]

신DTI DSR

☐ 기준일자 입력 ❓ ☑ 초년도 이자 기준 ❓

연소득 ❓ | 5000 | 만원

◆ 본건을 포함, 가지고 계신 모든 대출을 입력하세요.

종류	대출금	대출기간	금리	추가 ➕
주담대 ▼ 원리금균등 ▼	총액 37500 만원 잔액 37500 만원 만기 0 만원	총 420 개월 잔여 420 개월 거치 0 개월	4 %	삭제 ➖

계산 결과 ☑ 순번

계산서 1 🗐 🖨

#	적요	금액	비고
1	연소득	50,000,000	입력값
2	총대출건수	1	(본건 포함)
3	**대출1**	**375,000,000**	**주택담보대출, 원리금균등분할상환, 금리 4%**
4	대출1 잔액	375,000,000	입력값
5	대출1 기간	420개월	전체 기간(잔여 420개월)
6	연원금상환액1	5,016,163	실제 상환액
7	연이자상환액1	14,908,700	실제 납부이자
8	총 원리금상환액	19,924,863	대출 원금 + 이자 상환액
9	**DSR**	**39.85%**	**총 원리금상환액 / 연소득 * 100**

[출처: http://부동산계산기.com]

다행히 이렇게 계산하자 DSR 40%에 간신히 안착했습니다. 고길동 씨는 생애최초 주택구매자 대출을 받기로 했지만 결국 DSR이라는 높은 문턱을 넘지 못하고 연봉의 7.5배, 즉 약 3억 7500만 원을 대출받는 데 만족해야 했습니다.

생애최초 주택구매자 대출 이용 시 연봉별 한도

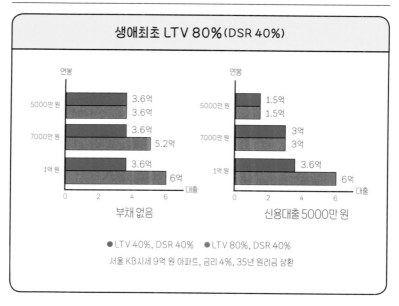

그럼에도 불구하고 생애최초 주택구매자 대출은 현금이 부족한 사회초년생, 특히 부모님에게 도움을 받기 힘든 20~30대에게 한 줄기 빛과 같습니다. DSR이라는 조건을 충족시켜야 하지만, 부

부 모두 한 번도 집을 매수한 이력이 없고 거기에 더해 맞벌이라면, 둘의 소득을 합산할 수 있기에 크게 치명적인 걸림돌이 되지는 않을 것입니다. (둘 중 한 명이라도 집을 매수한 이력이 있으면 생애최초 주택구매자 대출을 받을 수 없습니다.)

생애최초 주택구매자 대출로 가장 큰 혜택을 누리는 주택 가격 구간은 7억 5000만 원입니다(7억 5000만 원×80%=6억 원). 같은 주택에 일반 LTV를 적용하면 대출 가능 금액이 최대 3억 원이고, 서민 실소유자 대출을 이용해도 최대 4억 원을 빌릴 수 있습니다. 반면 생애최초 주택구매자 대출로는 최대 6억 원까지 대출받을 수 있습니다. 늘어난 한도만큼 내가 선택할 수 있는 주택의 폭도 넓어졌으므로 내 집 마련의 사다리를 더 길고 튼튼하게 이어갈 수 있습니다.

그러나 대출의 문이 활짝 열렸다고 해서 무작정 '대출을 최대로 받아야지!' 하는 태도는 지양해야 합니다. 나의 소득에 맞게 계획을 잘 짜서 '갚을 수 있는 만큼만' 대출을 받으려는 자세도 중요합니다. 특히 금리가 상승하는 시기나 집값의 등락이 큰 시기에는 조금 더 신중하게 내 집 마련의 타이밍을 살펴야 합니다.

끝으로 생애최초 주택구매자 대출은 내 생애 '첫 주택'을 매수하는 '세대'만 받을 수 있는 대출입니다. 여기서 말하는 '주택'에는 분양권과 재건축·재개발 조합원 입주권이 포함됩니다. 규제가 시행되기 이전(2022년 8월 1일)에 청약에 당첨되었거나 분양권을 매수했을지라도, 시행일 이후에 잔금대출을 받는다면 생애최초 주택구매로 인정합니다. (즉, 계약일에 상관없이 잔금대출일자만 2022년 8월 1일 이후라면 LTV 80%를 적용받을 수 있습니다.)

한편 '세대'에는 세대주는 물론 세대원도 포함됩니다. 세대원의 범위는 생각보다 넓은데요. 주민등록상 배우자, 직계존속(배우자의 직계존속 포함), 직계비속 및 그 배우자, 세대 분리된 배우자, 세대 분리된 배우자와 동일 세대를 이루고 있는 직계비속 및 그 배우자까지 모두 해당됩니다.

이처럼 생애최초 주택구매자 대출은 원칙적으로 과거에 주택을 소유한 사실이 없는 세대에게만 적용되는 대출입니다. 그렇기에 현재는 무주택자이지만 과거에 주택을 매수한 이력이 있다면 앞서 살펴본 서민 실수요자 대출을 이용해야 합니다[부부 합산 연소득 9000만 원, 주택 가격 9억 원 이하 → LTV 50~60%, 대출 한도 4억 원(투기지역)].

적격대출은
장기 고정금리인가요?

적격대출이란 한국주택금융공사(HF)가 국민의 내 집 마련과 가계 부채의 구조 개선을 위해 만든 장기고정금리 대출상품입니다. 2019년부터 2021년까지 한동안 적격대출 붐이 일었는데, 서서히 금리가 상승하기 시작하면서 서둘러 장기 고정금리를 이용하려는 수요가 넘쳤기 때문입니다.

3장에서 우리는 디딤돌대출과 보금자리론, 그리고 적격대출만이 '진짜' 고정금리라고 배웠습니다. 은행에서 말하는 고정금리는 대부분 5년 후에 변동금리로 바뀌는 '혼합금리'라고도 말씀드렸지요. 그러니 만기 때까지 금리가 고정되는 적격대출은 금리 상승기일수록 각광받을 수밖에 없습니다.

그럼에도 적격대출은 '은행 상품에 준한다'고 생각하는 편이 좋습니다. 대출 신청도 은행에서 하고, LTV도 우대 없이 시중 은행의 기본 LTV를 적용받으며, 금리 역시 취급하는 은행마다 상이하기 때문입니다. 무엇보다도 적격대출은 분기별로 은행마다 정해진 한도가 있습니다. 내가 A라는 은행에 방문했는데 그 은행이 해당 분기에 할당된 적격대출 한도를 모두 소진했다면, 나는 적격대출을 이용할 수 없습니다. 아직 한도가 남아 있는 다른 은행을 찾아다니든지, 그마저도 없으면 다음 분기가 올 때까지 기다려야 합니다. 금리가 매우 낮은 시기이거나 곧 금리가 상승할 거란 공포가 불어 닥치는 시점이 되면, 각 분기가 시작되자마자 모든 은행의 적격대출 한도가 소진되는 일도 비일비재합니다.

그래도 적격대출은 분명한 장점이 있습니다. 연소득에 제한이 없어서 고소득자가 9억 원 이하 주택을 매수할 때 유용합니다. '9억 원'이라는 주택 가격도 매매 가격이 아닌 KB시세만 따지기 때문에 한결 유연합니다. 물론 'DSR 40%' 규제를 적용받지만, 디딤돌대출이나 보금자리론과는 달리 신용카드 사용액 등의 추정소득(259p)도 인정해 주기 때문에 고정 소득이 적을 때에는 추정소득을 활용해 더 유리한 조건을 만들 수도 있습니다.

적격대출 자격 요건(2022년 8월 기준)	
주택 가격	9억 원 이하
대출 대상	– 연소득 무관 – 투기지역은 무주택자만 가능, 투기과열지구·조정대상지역·기타 지역은 1주택자 처분 조건
LTV	투기과열지구 40%, 조정대상지역 50%, 기타 70%
대출 상한액	5억 원
금리	장기 고정금리
대출 기간	10년, 15년, 20년, 30년, 40년, 50년 (40년은 만 39세 이하 청년 또는 신혼가구, 50년은 만 34세 이하 청년 또는 신혼부부만 가능)
보유 주택 수	– 투기과열지구·조정대상지역: 대출 신청일 현재 무주택자 또는 1주택자(이사 등에 한해 일시적 2주택 허용하며, 2년 이내에 기존 주택 처분 조건) – 투기지역: 대출 신청일 현재 무주택자(1주택자 처분조건부 대출 불가)
특이사항	– DSR 적용 – 선순위 근저당이 없는 주택만 가능
추가 주택 매수	매매잔금 시 금지 규정 없음

다만 투기지역에서는 무주택자만 대출 신청이 가능합니다. 즉, 1주택자가 투기지역으로의 이사를 계획하고 있다면 적격대출을 이용할 수 없습니다. 그 밖에 투기과열지구나 조정대상지역으로 갈아타는 경우라면 2년 이내 처분 조건으로 적격대출을 이용할 수 있습니다. (1주택자는 비규제지역에서도 2년 이내에 기존 주택을 처분해야 합니다. 시중 은행에서 취급하는 주택담보대출은 비규제지역에 처분 조건이 붙지 않습니다.) 또한 새로 대출받을 곳이 기준이기 때문에, 기존 주택이 투기지역에 있었대도 신규 주택이 투기과열지구나 조정대상지역에 위치한다면 적격대출이 가능합니다.

아울러 적격대출은 매매잔금과 전세퇴거자금(305p), 대환(247p) 목적으로 모두 이용이 가능하기 때문에, 1주택자가 투기지역으로 갈아타기 하려는 경우를 제외하면 활용처가 매우 다양한 편입니다.

Plus Check!

투기지역은 어디?

2022년 8월 기준, 적격대출은 '투기지역'과 '투기과열지구'를 엄밀히 구분합니다. 사실 투기지역은 투기과열지구 안에 포함된 형태이기에 그동안은 따로 구분해서 숙지하지 않았으나, 적격대출을 받을 때만큼은 투기지역을 꼭 기억해야 합니다.

→ 서울시 강남구·서초구·송파구·강동구·용산구·성동구·노원구·마포구·양천구·영등포구·강서구·종로구·중구·동대문구·동작구, 세종시 일부

3부
[심화]

똘똘한 대출 전략이
부의 크기를 좌우한다!

5장

최고 한도,
최저 금리를 위한
대출 전략 10

신용대출은 주택담보대출과
동시에 받을 수 있나요?

이 책의 목적은 여러분에게 큰 수익을 낼 수 있는 길을 안내하는 것입니다. 무분별한 대출은 경계해야 하지만 현명한 대출 조합을 알아두는 것은 언제나 환영할 만한 일이지요.

많은 분들이 신용대출과 주택담보대출을 동시에 받을 수 있는지를 궁금해합니다. 결론부터 말씀드리면 '가능'합니다. 다만 2020년 11월 30일 이후에 1억 원을 초과하는 신용대출을 승인받은 사람은 규제지역(투기과열지구·조정대상지역)에서 1년간 주택을 매수할 수 없습니다.

또한 신용대출과 주택담보대출을 같이 받을 때에는 'DSR 40%'(제2금융권 50%) 조건이 적용되므로 소득이 매우 높지 않은 한 규정을 맞추기가 상당히 까다롭습니다. 그래서 최근에는 신용대출을 '어떻게 하면 최대한 많이 받을까?'라는 고민보다는 '얼마까지 신용대출을 받아야 DSR을 만족할 수 있을까?'에 더욱 초점이 맞춰지고 있지요.

마이너스통장도 마찬가지입니다. 1장에서 우리는 마이너스통장도 신용대출의 일부라는 점을 배웠습니다. 따라서 모든 조건이 신용대출과 동일하게 적용됩니다. 단 마이너스통장은 개설만 해도, 즉 통장에서 단 1원도 빼서 쓰지 않아도 그 한도만큼 DSR을 잡아먹습니다.

소득에 비례해 한도가 나오는 신용대출은 보통 자기 연봉의 1~2배까지 대출받을 수 있습니다. 그럼 신용대출이 DSR에 얼마나 큰 영향을 미치는지 한번 살펴보겠습니다. 주택담보대출이 3억 원일 때(35년 만기, 연 금리 4%) 연봉 5000만 원인 고길동 씨와 연봉 1억 원인 마이콜 씨의 DSR 비교입니다.

연봉과 신용대출 금액에 따른 DSR 비교

주택담보대출 3억 원 (35년 만기, 연 금리 4%)		
연소득	신용대출액	DSR
연봉 5000만 원	없음	31.88%
	5000만 원	55.54%
연봉 1억 원	없음	15.94%
	1억 원	39.6%

연봉이 5000만 원인 고길동 씨는 신용대출을 하나도 받지 않았을 때 DSR이 31.88%까지 나옵니다. DSR 40% 규제가 적용되는 제1금융권과, 50% 규제가 적용되는 제2금융권의 기준을 모두 만족시킬 수 있습니다. 그런데 만약 고길동 씨가 신용대출을 자신의 연봉만큼 받아두었다면 DSR에 어떤 영향을 미칠까요? DSR이 자그마치 55.54%까지 치솟습니다. 5000만 원을 더 빌린 것뿐인데 DSR이 23.66%p나 높아졌지요. 신용대출을 일부라도 갚지 않으면 제1금융권은 물론 제2금융권에서도 주택담보대출을 받기가 어렵습니다.

반면 연봉이 1억 원인 마이콜 씨는 신용대출을 연봉만큼 받아도 DSR이 40%를 넘지 않습니다. 제1금융권에서도 대출을 받을 수 있겠지요.

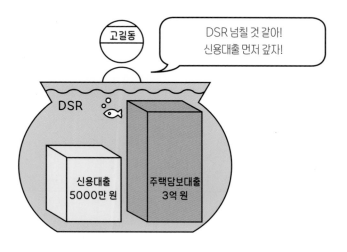

고길동 씨는 억울한 마음에 숨을 씩씩 몰아쉬지만 어쩔 수 없습니다. 곧바로 전략을 세워야지요. 이미 우리는 3장에서 '만기가 짧은 상품일수록 빨리 상환해야 한다'라고 배웠습니다. 자, 이제 답이 보이시나요? DSR 한도에 치명적인 영향을 미치는 '신용대출'부터 빨리 갚는 게 우선입니다.

고길동 씨처럼 연소득이 5000만 원인 사람이 주택담보대출로 3억 원을 빌릴 경우, 5000만 원의 신용대출 금액 중 약 3300만 원을 상환해야 제1금융권에서 안정적으로 대출을 받을 수 있습니다. DSR 한도가 10%p 더 높은 제2금융권이라면 1200만 원만 상환해도 괜찮아 보입니다. 그렇다고 해서 '당장 신용대출을 갚아야 하는데 며칠 안에 어디서 돈을 구하지?'라며 겁먹을 필요는 없습니다.

주택담보대출을 신청하면서 은행에는 신용대출금을 상환할 예정임을 밝히고, 전산을 통해 최소한 얼마를 갚아야 하는지 문의한 뒤에 갚아도 늦지 않습니다. 우리가 DSR 계산기를 통해 스스로 구해낸 값과, 은행에서 전산으로 계산해 준 결괏값은 다를 수도 있기 때문입니다. 따라서 신용대출은 은행원에게 정확한 답을 듣고 난 뒤에 상환해도 늦지 않습니다.

다만 앞서도 언급했듯이 2020년 11월 30일 이후에 신용대출을 1억 원 초과해서 받았다면, 규제지역에서는 1년간 추가 주택을 매수할 수 없습니다. 1억 원이 넘는 신용대출은 '고액신용대출'로 분류되고, 차주도 다음 페이지와 같은 추가 약정서를 제출해야 하기 때문입니다. 자신이 직접 서명한 약정서는 법적 효력을 지닙니다. 서약을 지키지 않으면 패널티가 부과되는데, 위의 경우 발각 즉시 신용대출이 전액 회수됩니다.

간혹 "1억 원만 안 넘으면 된다고 했으니 신용대출로 9999만 원을 받는 건 괜찮지요?"라고 묻는 분들이 있습니다. 물론 가능하지만, 굳이 1만 원을 깎지 않아도 괜찮습니다. 패널티는 1억 원을 '초과'할 때 적용되므로 1억 원까지는 마음 놓고 받아도 좋습니다.

추가약정서

(고액 신용대출의 사후 용도관리 강화 관련 추가약정용)

은행 앞 　　　　　　　　　　　　　　20 년　　월　　일

채 무 자 : _____ (인)

주　　소 : _____

____채무자는 ____은행과 _____약정합니다.

(목적) 이 약정서는 신규로 1억원을 초과하여 신용대출을 받거나, 추가로 신용대출을 받아 신용대출 잔액 (전금융기관 합계)이 1억원을 초과하는 차주에 대한 약정입니다.

　한도대출의 경우에는 실제로 사용한 금액이 아니라 금융기관과 약정 당시 설정한 한도금액을 대출총액으로 간주합니다.

(주택 추가 구입 금지의무) 채무자는 본 대출 실행일부터 1년 또는 대출 전액 상환시기 중 빠른 일자까지 투기지역·투기과열지구·조정대상지역 내 주택(분양권 및 조합원 입주권 등 포함)을 구입하지 않기로 합니다.

　매매, 증여, 신축 등에 따른 소유권 취득. 다만 상속에 의한 취득은 제외입니다.

또한 추가 주택을 매수할 수 없다는 조건은 신용대출을 받은 당사자에게만 적용되는 규제입니다. 즉, 남편이 신용대출을 받아서 아내 명의로 집을 산다면 이때는 아무런 문제가 되지 않습니다. 다만 공동명의일 때는 약정서의 영향을 받으므로, 가급적 신용대출은 1억 원까지만 받는 것을 추천합니다. (신용대출을 받을 때에는 원천징수영수증이나 소득금액증명원 등의 소득 자료를 지참해 가면 더욱 유리한 한도와 금리를 안내받을 수 있습니다.)

신용대출 외에 청약담보대출, 보험약관대출(보험계약대출)도 주택담보대출과 함께 이용할 수 있습니다. 특히 청약담보대출은 금리가 상당히 낮은 편입니다. 자신이 청약통장에 납입해 온 돈을 담보로 대출을 실행하는 것이므로, 청약예금 금리에 약 1.1%p를 가산한 금리로 대출 금리가 책정됩니다. 대출 한도는 청약 납입금액의 90~95%까지이며 만기는 최장 5년입니다. 더욱이 만기일시 상환 방식이라 다달이 이자만 부담하면 돼 대출로 인한 고정비가 줄어듭니다. 또한 중도상환수수료가 없어서 목돈이 생겼을 때 언제든지 갚을 수 있습니다. 청약통장은 한번 해지하면 그동안의 납입 기간(가점)을 모두 잃게 되므로, 돈이 급할 땐 청약통장을 해지하기보다는 청약담보대출을 받는 쪽을 더 추천합니다.

보험약관대출은 보험 계약을 담보로 한 대출입니다. 당연히 대출도 보험사에서 실행해 줍니다. 대출 금리는 보험사마다 차이가 큰데, 2.82~10%까지 다양합니다. 단 청약담보대출과 달리 대출한도는 그동안 납입해 온 금액이 아닌, 해지환급금을 기준으로 책정됩니다. 보통 해지환급금의 50~95% 선이라고 생각하면 좋습니다. 이 역시 청약담보대출처럼 중도상환수수료가 없습니다.

청약담보대출과 보험약관대출 모두 모바일 애플리케이션으로 쉽게 신청할 수 있습니다. 무엇보다 이 두 상품의 가장 큰 장점은 대출을 실행하며 DSR을 계산하지 않는다는 것입니다. 즉, 기존 대출에서 이미 DSR을 꽉 채워 받았다면 청약담보대출과 보험약관대출이 구세주가 될 수 있습니다.

마지막으로 당부할 말이 있습니다. DSR 40% 규제는 개인이 받은 가계대출의 '총액'이 1억 원을 넘는 시점부터 발동한다는 것입니다. 예컨대 신용대출로 이미 5000만 원을 받은 사람은 훗날 주택담보대출로 5001만 원만 더 받아도 DSR 규제 대상에 포함됩니다. 또한 자동차 할부나 학자금 대출 등도 DSR 계산에 포함된다는 것을 잊지 말아야 합니다. (대출받는 순서는 크게 중요하지 않습니다.)

주택담보대출을 계획하고 있다면, 그 밖에 다른 대출은 너무 과하지 않도록 전략을 잘 세워야 할 것입니다. (DSR을 유리하게 하는 10계명은 175p 참고)

질문

31

금리가 하락할 때까지
대출을 미뤄야 할까요?

부동산 매수라는 일생일대의 거래에 '금리'라는 하나의 조건이 절
대적인 영향을 미친다고 생각하지는 않습니다. 평소 부동산에 관
심을 두다 보면 예상치 못한 순간에 좋은 물건을 발견하기도 하는
데요. 가령 매도인이 세금 문제로 부동산을 싸게 처분하는 경우,
시세보다 싼 급매 물건이 나오기도 하지요. 이 결정적인 타이밍에
대출 금리가 높다면 심리적으로 당연히 위축될 수밖에 없습니다.
방금 전만 해도 '얼른 계약하자'며 조급하게 움직였는데, 막상 높

은 금리를 보고 있자니 지금 집을 사지 말아야 할 이유가 100개도 넘게 떠오르곤 합니다.

하지만 그럼에도 집을 꼭 사야 하는 때가 있습니다. 각자의 생애주기마다 부동산을 반드시 매수하거나 집을 옮겨야 할 타이밍도 있고요. 그럴 때 저는 '금리'라는 요인보다는 '그 집의 가치'를 더욱 주의 깊게 보라고 말씀드리고 싶습니다. 내가 매수해야 하는 좋은 부동산은 금리가 떨어질 때까지 나를 기다려주지 않기 때문입니다.

전셋집을 구할 때도 마찬가지입니다. 은행이 영업 실적을 다 채운 연말이 되면 대출 빗장을 굳게 걸어 잠그는데, 아이러니하게도 전세로 이사 가기 가장 좋은 타이밍은 아이들의 겨울방학 시즌입니다. 학령기 자녀가 가급적 학교에 잘 적응할 수 있도록 겨울방학 때 이사를 가고 싶은 게 부모 마음인데, 금리가 떨어질 때만을 기다리며 무작정 이사를 미룰 수는 없습니다. 물론 선택은 여러분의 몫입니다. 하지만 저는 '금리'가 여러분의 '소중한 가치'와 부동산 '매수 타이밍'보다 우선시되어서는 안 된다고 생각합니다.

그래도 기왕 받는 대출, 잘 받고 싶다면 은행에서 대출을 풀어주는 시기를 노리는 게 좋겠지요? 은행이 실적을 채우기 위해 적극적으로 영업하는 시기를 노린다면 우리는 1년 중 가장 좋은 금

월별 은행의 금리 동향

1월	2월	3월	4월	5월	6월	7월	8월	9월	10월	11월	12월

← GOOD →   ← BAD →

리로 대출받을 수 있습니다. 제 경험상 '계절의 여왕'인 5월이 대출
받기에도 최고의 '봄날'입니다.

금리가 오르는 때에는 이미 대출을 받은 분들의 고민도 참 많
아집니다. 특히 변동금리를 선택한 고객들이 금리 상승기에 이런
질문을 참 많이 합니다.

"변동금리를 쓰고 있는데 갈아타야 할까요?"

뉴스에서는 연일 '기준금리 인상'을 보도하고, 포털사이트 메
인은 날마다 '치솟는 이자 공포… 신용대출 금리 상단 7% 뚫었다'
등의 자극적인 기사로 도배됩니다. 변동금리로 대출을 받은 차주
입장에서는 마음이 조급해질 수밖에 없지요.

사실 기사의 내용이 틀린 말은 아닙니다. 특히 신용대출은

2022년에 들어 금리가 크게 오른 것이 피부로 느껴집니다. 1년 전 2%대의 낮은 금리로 인기를 끌던 상품들이 연장 시점에 와서 금리를 크게 올린 경우도 많다고 합니다. 이럴 때 저는 대환(대출 갈아타기)을 추천합니다.

신용대출이나 전세대출을 받은 분들 중에는 습관적으로 대출을 연장하는 분들이 많습니다. 하지만 이처럼 만기가 짧은 상품들을 무조건 연장하는 것은 정답이 아닙니다. 당장은 귀찮을지 몰라도 저렴한 금리를 찾아 부지런히 움직이는 과정이 불필요한 지출을 줄이고 부자가 되는 첫걸음일 수 있습니다. (단, 2020년 7월 10일 이후 '투기과열지구에서 3억 원 초과 아파트'나 '지역에 상관없이 9억 원 초과 주택'을 매수했다면 전세대출의 연장이 불가합니다. 그나마 주택을 매수할 당시에 9억 원 이하였던 주택이 연장 시점에 9억 원을 초과했다면 기존에 대출받았던 은행에 한해서 연장이 가능합니다.)

그렇다면 주택담보대출은 어떨까요? 최근 2~3년 동안 주택담보대출을 받은 분들 중에는 대출금리가 크게 올랐다고 호소하는 분들이 많습니다. 이런 경우에는 현시점의 5년 고정금리(혼합금리)와 비교해 대환을 고려해 보아도 좋습니다. 단, 중도상환수수료가 없다는 전제하에 말이지요. (주택담보대출의 중도상환수수료는 보통 3년이 되는 시점에 사라집니다.)

'대환'은 새로 계약한 은행이 기존의 주택담보대출을 갚아주고, 대출을 새로 받는 것을 의미합니다. 즉, 기존 대출을 유지한 채 변동금리를 고정금리로 바꿀 수는 없다는 뜻입니다. 다만 앞서도 말씀드렸듯이 금리가 앞으로 얼마나 더 오를지는 그 누구도 확신할 수 없습니다. 만약 금리가 계속 오른다고 판단해 고정금리 상품으로 대환했다가 얼마 후 금리가 떨어진다면, 그때 가서 후회를 하지 않을 자신이 있나요? 다시 한번 강조하지만 고정금리는 금리가 계속 상승할 때 가장 매력적입니다.

저 역시 최근 주택담보대출의 변동금리가 1%p 가까이 올랐지만 크게 아쉬움을 느끼지 않습니다. 오른 금리가 지금 새로 받는 대출 금리보다 낮고, 지금까지 저금리를 잘 사용해 왔다는 것만으로도 충분히 만족하기 때문입니다. 여러분도 '변동금리'라는 네 글자에 지레 겁먹을 게 아니라 나의 대출 금액과 한도, 중도상환수수료, 갈아타기 시기, 배우자 의견 등을 종합해 고려하길 바랍니다.

저는 높은 금리가 안락한 보금자리 마련이나 투자에 걸림돌이 되어서는 안 된다고 생각합니다. 만약 제가 급하게 돈을 막지 못해서 연체할 위기에 처한다면 높은 금리를 이용해서라도 연체를 막을 것입니다. 또 청약에 당첨돼 돈을 벌 기회가 주어진다면, 저는 높은 금리로 대출을 받아서라도 계약을 진행할 것입니다. 부자들은 이처럼 금리보다는 '수익률'을 최우선에 두고 결단을 내립니다.

여러분이 적절한 레버리지를 발판 삼아 투자를 해서 집값이 오르고 이자 이상의 수익을 거두는 경험을 했다면, 저는 여러분이 고정금리와 변동금리 중 무엇을 선택했든 기꺼이 박수를 보내드릴 것입니다.

Plus Check!

안심전환대출

2022년 9월부터 시행 예정인 안심전환대출(우대형)은 저소득·서민층이 기존에 사용하던 고금리 또는 변동금리 주택담보대출을 저금리 또는 고정금리 상품으로 전환할 수 있도록 지원하는 제도입니다. 부부 합산 연소득이 7000만 원 이하일 때 4억 원 이하의 주택에서 최대 2억 5000만 원의 한도까지 이용할 수 있습니다. 보금자리론 대비 0.3%p 금리 우대를 받을 수 있으니, 조건에 부합한다면 조금이나마 금리 부담을 덜 수 있을 것으로 보입니다.

Plus Check!

금리인하요구권 제도

대출받을 당시보다 본인의 소득이나 신용점수, 재정 상태가 좋아졌다면, 은행에 이자를 깎아달라고 요구할 수 있는 제도입니다. 단, 소득과 신용을 바탕으로 요구하는 권리인 만큼 담보 대출에는 적용되지 않고, 신용대출에만 이용할 수 있습니다. 은행은 설사 기준금리가 떨어져도 알아서 고객의 금리를 낮춰주지 않습니다. 개인이 제도를 알고 적극적으로 이를 활용해야 합니다. 단, 은행도 각 행의 판단에 따라 고객의 금리인하요구를 거절할 수 있습니다.

목돈이 생기면
대출을 중도상환하는 편이 낫나요?

직장인들은 연말에 특별 보너스나 상여금을 받기도 합니다. 정말 기분 좋은 순간이지요. 이럴 때 평소 갖고 싶었던 물건을 나에게 선물하는 분들도 있지만, 알뜰한 분들 중에는 기왕 목돈이 생긴 김에 이런 생각을 하는 분들도 있습니다.

'이 돈으로 대출금이나 갚을까?'

물론 이 역시 정답이 없는 문제이지만, 저는 대출을 갚기로 했다면 금리에 따라 다르게 판단하길 추천합니다. 저금리 시대에 이자 이상의 수익을 얻을 자신이 있다면 당연히 대출을 갚는 대신 그 돈으로 투자를 하는 편이 좋겠지요. 반대로 금리가 높은데 마땅한 투자처를 찾지 못했다면 그때는 상환을 결심해도 좋습니다.

요즘은 예전처럼 대출을 쉽게 받기가 어려워졌습니다. 주택담보대출에는 'DSR 40%' 규제가 생겼고, 전세대출에도 투기과열지구에서 3억 원 초과 아파트를 매수할 수 없다는 제약이 가해졌습니다. 특히 전세대출, 생활안정자금대출, 전세퇴거자금대출 등 한 번 상환한 이후에는 다시 받기 힘든 대출도 있기 때문에 상환에는 신중을 기해야 합니다.

중도상환수수료도 복병입니다. 중도상환수수료는 돈을 빌린 개인이 만기 전에 대출금을 갚을 경우 금융기관에서 고객에게 물리는 벌칙성 수수료입니다. 중도상환수수료는 보통 3년 동안 발동하는데, 일명 '슬라이딩 방식'으로 수수료율은 조금씩 줄어드는 구조입니다. 어쨌든 대출을 실행하고 3년 이내에 갚는다면 어렵게 모은 나의 목돈 중 일부는 수수료로 떼일 수밖에 없습니다.

이처럼 대출은 '목돈이 생겨서' 갚는 게 아니라, '다시 받지 못

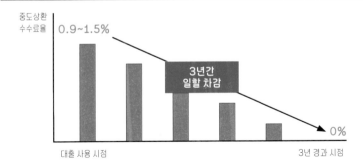

중도상환수수료율 변화

중도상환
수수료율 0.9~1.5%

3년간
일할 차감

0%

대출 사용 시점   3년 경과 시점

해도 상관없는지', '중도상환수수료는 없는지', '이자보다 더 큰 수익을 낼 더 좋은 투자처가 있는지'를 심도 있게 고민한 후 갚아야 하는 것입니다.

그렇다면 '더 좋은 투자처'란 무엇을 말하는 걸까요? 저의 고객 중에도 대출을 갚는 대신 투자를 해 수익을 얻은 사례가 많습니다. 가장 많이 하는 투자가 전세가 들어 있는 집을 매수하는 것입니다. 전세가 들어 있는 매물은 직접 입주하는 매물보다 초기에 투입되는 자금의 양이 적습니다. 매매가격과 세입자 전세보증금의 차액만 있어도 쉽게 투자할 수 있지요.

2019년에 저를 찾아와 "해묵은 대출금을 빨리 갚고 싶다"라고 이야기한 고객이 있었습니다. 그는 9000만 원 정도를 모아두었다고 했습니다. 그런데 그때는 금리가 낮은 시기였습니다. 당장 대출

고객이 실제로 투자한 매물의 시세(출처: KB부동산)

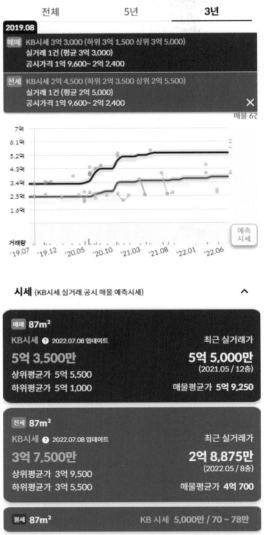

금을 상환하기보다는 다른 투자처를 알아보는 게 더 나은 시기였지요. 저는 상환보다는 투자를 해보길 권했고, 혹시 마땅한 투자처를 찾지 못하면 그때 저를 다시 찾아달라고 말씀드렸습니다. 다행히 그분은 저의 조언을 흘려듣지 않았습니다. 그길로 매매가격과 전세보증금의 차액이 8500만 원인 매물을 찾아 온 것입니다.

2019년 7월에 고객은 매매가격이 3억 3000만 원, 전세보증금이 2억 4500만 원인 아파트를 매수했습니다. 그리고 약 2년의 시간이 흘러 이 아파트는 KB시세 5억 3500만 원을 형성하고 있습니다. 집값이 오른 것은 물론 전세가도 3억 7500만 원으로, 고객이 매수할 당시의 매매가격을 뛰어넘었으니 굉장히 성공적인 투자였다고 말할 만하지요.

그런데 지금까지는 어떤 물건을 사도 오르는 '부동산 상승장'이었습니다. 하지만 앞으로도 이런 장이 계속될지는 누구도 확신할 수 없습니다. 이런 때일수록 옥석을 고르는 안목이 필요합니다. 투기과열지구에서는 세금도 감당할 수 있어야 하지요.

이럴 때 과감한 투자보다 안정성을 더 중요시한다면, '파킹통장'을 이용하는 것도 방법입니다. 금리를 많이 주는 은행에 목돈을 잠시 '파킹'하면서 대출 이자를 예금 이자로 충당하는 것입니다. 토스은행은 최대 1억 원의 한도 내에서 예금금리를 2%까지 쳐주는 파킹통장을 운영합니다. 또한 공무원이라면 공제회에 가입해 은행보다 높은 금리를 받는 것도 좋은 방법입니다.

하지만 아무래도 예적금 금리보다는 대출 이자가 비쌀 수밖에 없습니다. 아무래도 이자로 나가는 돈이 아깝다면, 입출금이 자유로운 마이너스통장의 빚부터 먼저 갚는 게 좋은 전략입니다. 마이너스 통장은 언제고 넣었다 뺐다 할 수 있으니 다시 받지 못하리라는 부담이 훨씬 적죠. 특히 고금리 시기일수록 뾰족한 투자처를 찾지 못했을 땐 무리한 투자를 감행하기보다는 대출금을 상환하는 것도 현명한 생각입니다.

주부, 무직자, 프리랜서도
주택담보대출을 받을 수 있나요?

결론부터 말하자면 주부도, 무직자도 대출받을 수 있습니다. 다만 요즘에는 '집'이라는 담보가 확실한 주택담보대출을 받을 때에도 소득이 중요합니다. 'DSR 40%' 규제가 소득에 따른 대출 한도를 제한하는 제도이니 말입니다. 하지만 소득을 증빙하는 방법이 꼭 연봉만 있는 것은 아닙니다. 소득증빙을 무조건 '근로소득'으로만 해야 한다고 생각하는 분이 많은데, 꼭 그렇지 않습니다. '소득'에 는 크게 세 가지 종류가 있습니다.

소득의 종류

증빙소득	인정소득	신고소득
원천징수영수증 소득금액증명원 갑종근로소득세	건강보험 납부내역 국민연금 납부내역	신용카드 사용내역 체크카드 사용내역

먼저 '증빙소득'입니다. 회사에 다니는 근로자가 노동의 대가로 받는 근로소득이나 종합소득세를 내는 사업자로서 인정받는 사업소득이 대표적입니다. 원천징수영수증, 소득금액증명원, 갑종근로소득세(갑근세)원천징수영수증으로 증빙할 수 있는 소득이기에 '증빙소득'이라는 이름이 붙었습니다. 이러한 증빙소득은 서류상 '소득금액'에 적힌 금액 모두를 인정받을 수 있습니다. 그것도 세후가 아닌 세전소득으로 말이지요.

다음으로는 '인정소득'과 '신고소득'이 있습니다. 이 두 소득은 매월 고정 수입이 없는 분들이 주로 쓰는 방법입니다. 먼저 인정소득은 건강보험료나 국민연금 납부내역으로 인정받습니다. 정책 상품인 디딤돌대출과 보금자리론은 증빙소득과 함께 인정소득까지만 허용해 줍니다. (신고소득으로는 디딤돌대출과 보금자리론을 받을 수 없습니다.)

한편 신고소득은 주부나 무직자가 이용할 수 있는 방식으로, 카드 사용내역을 바탕으로 인정받는 소득입니다. 이때 카드는 신용카드와 체크카드 모두 해당되며, 국세청 홈택스 홈페이지(www.hometax.go.kr)에 신고된 작년도 카드 사용내역을 바탕으로 은행에서 소득을 환산해 줍니다. 다만 은행에 따라서는 최근 1년 치의 카드 사용내역을 인정해 주는 곳도 있기 때문에, 소득이 일정치 않은데 가까운 미래에 대출받을 계획이 있다면 지금부터라도 카드를 부지런히 써야 합니다. 또한 최근 코로나로 인해 매출이 크게 줄어든 자영업자라면 증빙소득 대신 인정소득으로 소득을 인정받는 것도 좋은 전략입니다.

간혹 전세대출을 받으러 은행에 갔다가 하늘이 무너지는 것 같은 경험을 했다는 분들이 있습니다. 은행원에게 "소득이 없으면 전세대출이 안 나와요"라는 말을 듣고 온 것입니다. 하지만 인정소득과 신고소득만 있다면 얼마든지 대출을 받을 수 있습니다. 심지어 소득이 아예 없어도 대출이 가능한 상품도 있습니다. 은행원은 리스크 관리 차원에서 하는 말이지만, 우리에게는 보금자리가 달린 중요한 문제이므로 "인정소득이나 신고소득으로 제출하겠습니다" 하고 요구하세요. 얼마든지 방법을 찾을 수 있습니다.

소득인정 금액	3개월 평균 국민연금	3개월 평균 건강보험료	1년 카드 사용금액
1000만 원	79,000원	31,000원	4,260,000원
1500만 원	119,000원	46,000원	6,400,000원
2000만 원	158,000원	62,000원	8,520,000원
2500만 원	198,000원	77,000원	10,640,000원
3000만 원	237,000원	92,000원	12,770,000원
3500만 원	277,000원	108,000원	14,900,000원
4000만 원	316,000원	123,000원	17,030,000원
4500만 원	356,000원	138,000원	19,150,000원
5000만 원	395,000원	154,000원	21,280,000원

국민연금·건강보험·카드사용에 따른 연소득 인정 금액

위의 표를 통해 국민연금납부액과 건강보험료, 카드사용금액에 따른 연간 환산 소득을 가늠해 보길 바랍니다.

그렇다면 '휴직자'는 어떨까요? 사표를 쓰고 나오지 않은 이상 휴직자는 재직 당시의 소득으로 고스란히 인정받을 수 있습니다. 휴직한 지 3년이 넘지 않았다면 말입니다.

해외 지사로 발령받고 현지 화폐로 월급을 받았던 분들은 귀국 전에 서류를 충분히 준비해 오는 것이 좋습니다. 해외법인을 통해 현지 화폐로 급여가 입금된 내역을 공증받고, 관련 서류를 모두 번역해 준비하면 됩니다. 그러면 별다른 어려움 없이 귀국 전 소득을 증명할 수 있습니다.

"입사한 지 얼마 안 됐는데 대출이 될까요?"라는 질문도 참 많이 받습니다. 이런 경우도 크게 걱정할 필요가 없습니다. 입사하고 나서 한 달 치 급여를 온전히 받았다면 이를 12개월 치인 '1개월 급여×12'로 계산해 증빙소득을 인정하기 때문입니다. 이때는 갑종근로소득세원천징수영수증을 은행에 제출하는 게 가장 좋은 방법입니다.

소득 인정을 받기가 의외로 까다로운 분들이 바로 프리랜서입니다. 프리랜서 중에는 사업자등록증을 내지 않고 원천징수를 하는 분들이 많습니다. 그런데 원천징수한 금액 전부가 소득으로 인정되는 것은 아닙니다. 프리랜서의 정확한 소득은 5월 종합소득세를 신고하며 경비 등을 제한 소득금액증명원에 표기되는 금액입니다. 따라서 소득금액증명원을 기준으로 자신의 소득을 가늠해야 하고, 원천징수를 기준으로는 약 60%만 인정받는다고 생각하면 좋습니다.

한편 그 무엇도 증빙할 수 없는 분들은 은행에서 KCB소득예측모형을 통해 소득을 추산받기도 합니다. 신용카드도 쓰지 않고 건강보험료나 국민연금도 납부하지 않고 있다면 은행에 KCB소득예측모형을 돌려달라고 요구할 수 있습니다. 큰 한도를 기대할 순 없지만 적은 액수라도 대출받을 때 유용할 것입니다.

Plus Check!

신고소득을 극대화하는 방법

고객 중에는 연세가 많은 할머니, 할아버지도 있습니다. 주택의 소유자이기는 하지만 소득을 증빙하기가 어려운 분들이 대부분이지요. 이분들은 특히 현금을 주로 쓰기 때문에 카드 사용내역을 받기도 어렵습니다. 그런데 오래 살던 집이 재개발되고 입주를 앞둔 시점에 잔금대출이 필요해지면서, 그제야 소득이 중요하다는 걸 뒤늦게 깨닫는 것입니다. 이럴 때는 상담하는 저의 입장에서도 다소 난감하지만, 그래도 방법이 아예 없지는 않습니다. 이사를 앞두고 계시니 가구나 가전제품은 장만하실 테니까요.

"가구나 가전제품을 새로 들이실 때 비용은 꼭 모두 카드로 결제하셔야 해요!"

사실 소득 관련 자료는 단기간에 급하게 만들기가 굉장히 어렵습니다. 방법은 어떻게든 마련할 수 있지만 서두르다 보면 기대에 못 미칠 확률이 높습니다. 그러니 대출을 계획하고 있다면 미리 어떤 서류가 필요한지를 알아보고, 적어도 1년 전부터는 차근차근 준비해 나가야 합니다.

세대 분리하지 않은 자녀는
주택담보대출에 불리한가요?

아직 독립하지 않은 자녀가 주택을 매수한다면 '1주택자'인 부모는 다주택자가 됩니다. 대출에서는 '세대' 단위로 주택 수를 파악하기 때문입니다. 특히 규제지역(투기과열지구·조정대상지역)에서는 무주택 세대주 또는 '기존 주택 처분'에 응한 1주택 세대주만 대출을 받을 수 있습니다. 이 말은 곧 '부모가 집이 있으면' 자녀는 '부모의 주택을 처분한다'는 조건에 동의해야만 대출을 받을 수 있다는 의미입니다.

그렇기에 자녀가 집을 매수하길 원한다면 주민등록상 부모와 세대 분리를 하는 편이 훨씬 유리합니다. 자녀의 나이가 몇 살이든 그것은 중요하지 않습니다. 대출에서는 자녀가 미성년자만 아니면 누구에게나 똑같은 조건과 규제가 적용됩니다.

그런데 요즘은 전입신고도 까다롭습니다. 대출을 받기 전 자녀의 주소를 어디로 옮겨야 할지 고민이 깊어질 수밖에 없습니다. 제가 두어 가지 팁을 알려드리겠습니다. 다만 두 방법은 장단점이 분명하니, 많은 선택지 중 하나로 고려해 보길 바랍니다.

먼저, 자녀가 이사 갈 집(매수한 집)의 주소로 미리 전입신고를 하는 방법입니다. 허용 여부는 각 주민자치센터의 재량에 달려 있습니다. 아직까지는 완벽한 소유자 신분이 아니기 때문에 매매계약서만 들고 찾아갔을 때 전입신고 승인을 받지 못할 수도 있습니다. 이는 주민자치센터마다 기준이 다르니, 반드시 관할 구역의 주민자치센터에 미리 방문해 알아보길 바랍니다.

두 번째는 형제자매 집에 전입신고를 하는 방법입니다. 다만 이는 취득세까지 함께 검토해야 하기 때문에 무작정 추천하지는 않습니다. 대출에서 '세대'로 묶이는 구성원은 엄밀히 말해 직계존비속까지입니다. 즉, 아들, 딸, 손자, 증손 등 혈연을 통해 친자관계가 직선으로 이어지는 관계에만 해당합니다. 따라서 누나, 형, 동생의 집으로 전입신고를 하면 1주택 처분 조건 없이도 대출을 실행할 수 있습니다. 하지만 세금에서는 '세대'의 기준이 다릅니다. 대출에서는 형제자매의 보유 주택 수를 합산하지 않지만, 세금에서는 형제자매까지 한 세대로 묶이기 때문에 취득세에 상당한 영향을 미칠 수 있습니다. 따라서 본인과 형제자매의 득실을 분명하게 따진 뒤 전입신고를 결정해야 합니다.

많은 이들이 대출과 세금을 '한 묶음'으로 생각하지만, 사실은 이처럼 다른 부분이 상당히 많습니다. '약은 약사에게, 진료는 의사에게'라는 말이 있듯이, '대출은 대출상담사에게, 세금은 세무사에게' 문의해야 손해를 입지 않는다는 걸 꼭 기억하길 바랍니다.

질문

35

결혼 전 배우자가 1주택자면
신혼집에 주택담보대출을 받을 수 없나요?

먼저 질문의 의도부터 파악해 보겠습니다. 가령 고길동 씨가 결혼 전에 주택을 매수했다고 칩시다. 가장 좋은 시나리오는 그 집에 신혼살림을 차리는 것이지만, 세입자가 살고 있어 신혼집을 따로 구해야 합니다. 아내는 태어나서 한 번도 집을 매수한 이력이 없다고 하네요. 이때 고길동 씨 부부가 신규 주택을 매수하면서 대출을 받을 수 있는 가능성은 얼마나 될까요?

정답은 '혼인신고' 여부에 따라 달라집니다. 만일 고길동 씨

부부가 혼인신고를 하지 않고 아내 명의로 신혼집을 매수했다면, 아내는 무주택자 신분이기에 주택담보대출을 받을 수 있습니다. 하지만 이미 혼인신고를 했다면 이야기가 달라집니다. 부부는 한 세대로 묶이기 때문에 규제지역(투기과열지구·조정대상지역)에서는 아내 명의로도 주택담보대출을 받을 수 없습니다. 호적상 부부인지 여부가 대출을 가르는 중요한 기준이 되는 셈입니다.

그래서일까요? 요즘 결혼하는 신혼부부들은 일부러 혼인신고를 늦게 한다고 합니다. 두 사람 다 무주택자일지라도 디딤돌대출, 보금자리론, 서민 실수요자 대출처럼 소득 상한선이 있는 대출을 받기 위해서는 부부의 소득을 합산하는 것이 오히려 불리할 수 있으므로 혼인신고를 조금 늦추는 것도 전략입니다. 그런데 무조건 혼인신고를 늦추는 것만이 능사는 아닙니다. 요즘에는 주택담보대출에 'DSR 40%' 규제가 적용되기 때문에 대출금이 많이 필요할 때는 부부의 소득을 합산해 한도를 최대치로 끌어올려야 합니다. 결혼하면 응당 해야 하는 혼인신고에도 전략이 필요하다니 조금은 안타까운 마음이 들기도 합니다.

남편과 아내가 각각 결혼 전에 1주택자가 된 경우도 있습니다.

이때는 보통 한쪽 집의 세입자를 내보내고 그 집에 신혼살림을 꾸리고 싶어 합니다. 세입자를 내보내야 할 때는 전세퇴거자금대출(305p)을 받을 수 있습니다. 다만 전세퇴거자금대출도 주택담보대출의 일환이기 때문에 규제지역에서는 1주택자만 받을 수 있습니다. 즉, 부부가 각각 주택 한 채씩을 보유한 채 혼인신고를 마쳤다면 이미 2주택자가 되므로 전세퇴거자금대출을 받을 수 없습니다. 따라서 이 경우에는 반드시 혼인신고를 하기 전에, 그러니까 부부 각각이 1주택자인 상태에서 전세퇴거자금대출을 신청해야 합니다.

부부는 부모 자식 간의 관계와 달라서, 호적에서 세대 분리를 해도 하나의 세대로 간주됩니다. 그렇기에 대출만 놓고 볼 때 당장 혼인신고를 하는 게 유리한지 아닌지를 충분히 따져본 후에 집을 매수하고 대출을 신청하는 편이 좋을 것 같습니다.

전세 낀 주택을 매수할 때도
주택담보대출을 받을 수 있나요?

"집값이 9억 원인데 세입자의 전세보증금이 4억 원이에요. 나머지 5억 원에서 LTV만큼 주택담보대출 한도를 받을 수 있나요?"

주택을 처음 매수하는 분들이 묻는 단골 질문입니다. 질문 내용처럼 대출을 받을 수만 있다면 얼마나 좋을까요? 하지만 우리는 앞서 LTV를 배우면서 잠깐 이야기를 나눈 적이 있습니다. LTV 한도에는 세입자의 전세보증금도 포함되어 있기 때문에 대출금과 세입자의 전세보증금을 합산해서 고려해야 한다고요.

예컨대 고길동 씨가 투기과열지구에서 9억 원짜리 주택을 매수했습니다. LTV 한도는 집값(KB시세)의 40%인 3억 6000만 원이네요. 그런데 그 집에는 마이콜 씨가 세입자로 살고 있었습니다. 마이콜 씨가 전세보증금으로 낸 금액은 4억 원입니다. 고길동 씨는 매매가격과 전세보증금의 차액인 5억 원으로 집을 매수한 셈이지요. 그런데 5억 원을 대출로 충당하려 했던 고길동 씨의 계획은 처참히 무너졌습니다. 마이콜 씨의 전세보증금만으로도 이미 LTV 40%가 초과되어 버린 것입니다. 은행에서는 해당 주택의 담보가치가 끝났다며 고길동 씨를 돌려보냈습니다. 결국 고길동 씨는 'DSR 40%'를 초과하지 않는 범위에서 다른 대출을 받아 현금 5억 원을 마련하거나, 계약을 파기해야 하는 위기에 처했습니다.

앞서 우리는 '세입자의 전세보증금'과 '은행의 주택담보대출'이 각각 좋은 레버리지가 될 수 있다고 배웠습니다. 그런데 이 둘을 동시에 활용하기는 무척 어렵습니다. 아파트의 전세가격은 통상 매매가격의 60% 전후로 형성되므로, 규제지역에서는 전세가 들어 있는 물건을 매수하며 LTV를 맞추기가 정말 어렵습니다.

그렇다면 마이콜 씨가 전세보증금 2억 원에 매달 월세를 부담하는 반전세로 살고 있었다면 이야기가 달라질까요? 마이콜 씨의 전세보증금만으로는 LTV 한도가 차지 않기 때문에, 그 차액인 1억 6000만 원(3억 6000만 원 - 2억 원)까지는 주택담보대출을 받을 수 있습니다.

더욱이 2022년 7월까지는 규제지역(투기과열지구·조정대상지역)에서 주택 매수 시 담보대출을 받을 때 6개월 이내에 '전입 의무 조건'이 붙었습니다. 즉, 그 집에 직접 들어가서 살아야 하는 조건으로만 대출을 받을 수 있으니, 주택담보대출을 받아서 세입자를 들이기가 무척 까다로웠습니다. 그런데 2022년 8월 1일부터는 규제지역에서도 비규제지역에서처럼 전입 의무 조건이 사라졌습니다. 또한 1주택자가 규제지역에서 신규 주택에 담보대출을 받아도 기존 주택을 처분해야 하는 의무 기한이 6개월에서 2년으로 대폭 늘었습니다. 따라서 세입자의 전세보증금이 LTV 한도에 못 미친다면, 후순위 주택담보대출을 얼마든지 받을 수 있습니다.

청약에 당첨된 사람이
꼭 기억해야 할 대출 상식이 있나요?

대출을 논할 때 청약만큼 조건이 천차만별인 분야도 없습니다. 분양이나 입주 시기, 사업장에 따라, 또 집단대출을 내주는 은행 지점에 따라 대출 한도가 제각기 다르기 때문입니다. 그러니 청약에 당첨되었다면 아무 은행에나 찾아가 궁금증을 문의할 게 아니라, 중도금대출을 실행하는(했던) 담당 지점에 조언을 구해 정확한 답변을 받아내야 합니다.

그런데 한편으로는 또 청약만큼 대출에 크게 의지하는 분야도 없습니다. 중도금대출부터 잔금대출까지, 받아야 하는 대출의 종류도 많고 그마저도 5~7번에 걸쳐서 장기 레이스로 받아야 하기 때문입니다. 청약의 모든 과정에서 대출을 빼놓고 이야기할 수 없을 만큼 청약 당첨자들의 대출 질문은 끝도 없이 이어지곤 합니다.

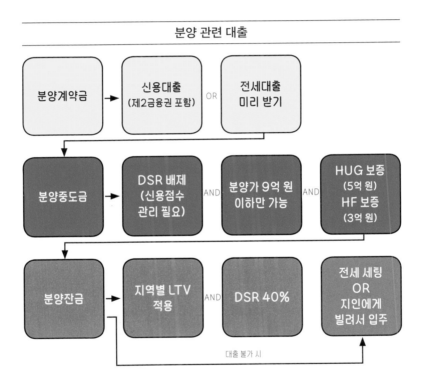

분양 관련 대출

"계약금은 대출이 안 되나요?"라는 질문을 정말 많이 받습니다. 원칙적으로 '계약금대출'이라는 것은 존재하지 않습니다. 청약을 신청하기 전에 현금으로 준비해 두어야 하고, 사정이 여의치 않다면 신용대출(마이너스통장)을 받아서 모자란 금액을 채워야 합니다. 혹은 '나는 꼭 청약에 당첨될 거야!'라는 굳은 의지로 계획을 철저히 세운 분들이라면 미리 전세대출을 받아서 통장에 넣어두었다가 청약에 당첨됐을 때 계약금으로 활용하기도 합니다.

그다음으로 받는 '중도금대출'은 비교적 마음이 편안합니다. 대출을 실행하며 DSR을 따지지 않으니 소득이 적어도 문제 될 게 없기 때문입니다. 또한 전세대출과 같이 한국주택금융공사(HF)나 주택도시보증공사(HUG)에서 받은 보증서를 담보로 돈을 빌리는 대출이기 때문에 신용점수만 잘 관리해 둔다면 대출을 무리 없이 실행할 수 있습니다. 다만 중도금대출에도 지역별 LTV(157p)가 적용됩니다.

분양 관련 대출 한도

지역	중도금대출	잔금대출
투기과열지구	분양가의 40%	분양가 또는 감정가의 40%
조정대상지역	분양가의 50%	분양가 또는 감정가의 50%
그 외 지역	분양가의 60%	분양가 또는 감정가의 70%(무주택자), 다주택자는 60%

*잔금대출의 기준가격(분양가 또는 감정가)은 단지마다 다름

통상 분양하는 아파트의 중도금은 분양가격의 60% 선에서 형성되고, 이는 계약금을 납부한 후로부터 3개월 뒤 6회차로 나누어 납부합니다. 비규제지역에서는 중도금대출만으로도 전체 분양가의 상당 금액을 충당할 수 있는 비율입니다. 하지만 규제지역(투기과열지구·조정대상지역)에서는 일부 자비 부담이 필요한 회차가 있을 수 있다는 점을 염두에 두어야 합니다.

한편 분양가 9억 원을 초과한 단지는 HUG 등의 보증기관에서 보증서를 써주지 않습니다. 보증인의 역할을 하는 주체가 사라졌으니 "분양가가 9억 원을 넘으면 대출이 안 된다"라는 말이 생긴 것입니다. 이럴 때에는 시공사에서 자사 보증을 통해 일부 금액을 대출해 주거나, 중도금의 연체 이자를 감면하는 혜택을 제공하기도 합니다. 하지만 워낙 건별로 조건이 달라서 자신이 분양받은 아파트의 소식을 꾸준히 들여다봐야 합니다.

마지막으로 '잔금대출'에는 'DSR 40%'가 적용됩니다. 잔금대출은 중도금대출의 미상환액까지 포함한 대출로, 이는 주택담보대출과 같다고 보면 됩니다. 즉, 대출을 많이 받고 싶다면 그만큼 소득도 받쳐주어야 합니다. 여러 가지 이유로 대출 한도가 부족하다면 직접 입주하지 않고 전세를 놓는 것도 좋은 방법입니다.

2022년 8월 기준 규제지역에서는 중도금대출이 세대당 1건만 가능합니다. 보증서를 한 장만 받을 수 있기 때문에 그렇습니다. 비규제지역의 경우 규제가 비교적 적기 때문에 중도금대출을 세대당 2건까지 받을 수 있습니다. 만약 규제지역과 비규제지역에서 각각 한 채씩을 분양받았다면 어떻게 될까요? 이런 때에는 대출받는 순서가 중요합니다. 규제지역에서 먼저 중도금대출을 받고 그다음 비규제지역에서 이어서 받는 것은 가능하지만, 이 둘의 순서가 바뀌면 규제지역에서는 중도금대출이 나오지 않기 때문에 주의해야 합니다.

　　최근에는 중도금대출을 실행하며 '기존 주택 처분 조건', '전입 의무 조건' 등의 약정서를 쓰기도 했습니다. 자신이 어떤 약정서에 서명했는지를 정확히 기억한 후 이를 어기지 않도록 노력해야 합니다. 한편 규제가 완화되는 부분도 잔금대출을 받기 전까지는 꾸준히 체크해야 합니다.

　　실제로 2022년 7월 금융위원회 보도자료에 따르면, 8월 1일 이전 중도금 대출 시 신규주택 준공 이후 소유권이전등기일로부터 6개월 이내 기존 주택 처분 약정을 체결하였어도, 2022년 8월 1일 이후 잔금대출 약정을 새로 체결할 경우 완화된 규제(기존주택 처분 기한 6개월 → 2년, 신규주택 전입 의무 폐지)를 적용합니다.

38

주택담보대출을 받을 때
어떤 서류가 필요한가요?

전세대출이나 주택담보대출이나 제출하는 서류는 비슷합니다. 다만 주택담보대출을 신청할 때는 소득과 관련한 서류에 각별히 신경 써야 합니다. 어떤 서류를 제출하느냐에 따라 나의 DSR 한도가 달라지기 때문입니다.

◆ 주택담보대출 시 제출 서류

① 신분증

② 인감도장

③ 인감증명서(본인서명사실확인서)

④ 등기권리증

⑤ 주민등록등본(주민등록초본)

⑥ 건강보험자격득실확인서(재직증명서)

⑦ 소득자료(원천징수영수증, 소득금액증명원 등)

⑧ 가족관계증명서

소득과 관련한 서류는 항상 '한 묶음'으로 생각하는 편이 좋습니다. 소득금액을 증빙하는 자료(소득금액증명원 또는 원천징수영수증)와, 해당 소득이 어디에서 발생했는지를 파악하는 서류(건강보험자격득실확인서)가 그것입니다. 특히 근로자는 자신이 어떤 회사에 재직하고 있는지가 건강보험자격득실확인서를 통해 증명되기 때문에 이를 더욱더 잘 챙겨야 합니다.

건강보험자격득실확인서와 소득금액증명원

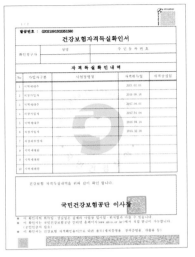

　　은행은 보통 우리에게 2년 치의 소득 자료를 요청합니다. 그러면 이런 궁금증이 생길 수 있지요. "회사를 지난달에 그만두었는데 이전 회사에 소득 자료를 요청해야 하나요?" 아쉽지만 퇴사한 회사의 소득은 대출 심사에서 소득으로 인정받을 수 없습니다. 이직한 회사에서 한 달 치 급여를 온전히 받았다면 그 급여의 12배(12개월)를 소득으로 인정받거나, 무직자라면 신고소득용 자료를 제출해야 합니다. 신고소득은 보통 카드사용금액으로 제출하는데, 국세청 홈택스 홈페이지(www.hometax.go.kr)에서 소득공제용 전년도 카드 사용내역(체크카드 포함)을 내려받으면 됩니다.

인감증명서와 등기권리증

주택담보대출을 받을 때에는 인감증명서도 제출해야 합니다. 이때 인감증명서는 본인발급분으로 제출하는 것이 가장 좋습니다. 그리고 혹여 인감이 없다면 본인서명사실확인서로 대체할 수 있습니다. 단, 본인서명사실확인서에는 자필 서명이 들어가는데, 본인서명사실확인서의 서명과 대출서류인 근저당설정서류의 서명이 다르면 동일 인물임을 증명하는 데 애를 먹을 수 있습니다. 따라서 모든 서명을 할 때는 정자로 또박또박 쓸 것을 당부합니다.

마지막으로 기억해야 할 것이 있습니다. 등기권리증은 재발급되지 않습니다. 한번 분실하고 나면 거듭 확인서면 절차를 밟아야 하므로 절대 분실하지 않도록 신경 써야 합니다. 또한 은행에 등기권리증을 제출할 때는 '절대로 떼지 마시오'라고 적힌 경고 스티커를 떼고 제출하는 게 맞습니다. 스티커 아래에 숨겨진 숫자를 알려줘야 하기 때문에 대출을 신청할 때만큼은 고민 없이 떼어도 좋다고 말씀드리고 싶습니다.

바뀐 대출 정책을
한눈에 파악할 수 있는 사이트가 있나요?

이 책을 집필하는 지금 이 순간에도 혹여나 대출 정책이 바뀌지는 않을까 예의 주시하고 있습니다. 실제로 2022년 6월 21일 금융위원회는 3분기에 강력한 규제 완화 정책을 예고한 바 있습니다. 그리고 실제로 2022년 8월 1일부터 많은 규제가 완화되었습니다. 생애최초 주택구매자는 주택의 소재지역과 가격에 상관없이 LTV 상한 80%를 적용받을 수 있고, 생활안정자금을 목적으로 한 주택담보대출 한도가 1억 원에서 2억 원으로 완화되었습니다. 앞서 이야기한 것처럼 규제지역(투기과열지구·조정대상지역)에서 주택담보대출을 받을 때 1주택자의 기존주택 처분 기한이 6개월에서 2년으로 늘어났고, 신규주택에 대한 전입 의무도 폐지되었지요. 아마 앞으로도 대출 정책은 계속 변화를 거듭할 것입니다. 하지만 이 책을 꼼꼼히 읽은 여러분이라면 언제 어떤 정책 변화가 찾아오더라도 무리 없이 잘 적응할 수 있으리라 생각합니다.

그럼에도 대출을 신청할 시점에는 반드시 최신 정책을 업데이트해 두어야 합니다. 이번에 소개할 사이트는 제가 즐겨찾기를 하고 수시로 드나드는 곳들입니다. 정책이 바뀌는 시점마다 여러분에게도 큰 도움을 줄 수 있는 사이트입니다.

① 금융위원회 홈페이지(fsc.go.kr)

금융위원회 홈페이지

금융위원회는 금융정책을 총괄하는 정부 부처 중 하나입니다. 새로운 대출 정책이 발표되면 홈페이지에서 보도자료를 내려받아 열람할 수 있습니다. 언론사에서 쓴 기사보다 훨씬 자세하고, 다양한 예시도 담겨 있으니 대출 정책이 바뀌었다는 소식을 접한다면 가장 먼저 방문해 보길 바랍니다.

② 금융위원회 블로그(blog.naver.com/blogfsc)

금융위원회 블로그

금융위원회에서 운영하는 블로그입니다. 금융위원회에서 발표하는 보도자료는 물론이고, 금융 관련 소식과 정보를 카드뉴스, 동영상, 웹툰 등으로 이해하기 쉽게 알려줍니다. 1~2주마다 콘텐츠가 업로드되니 보도자료를 일일이 찾아보기 어렵거나 좀 더 쉬운 해석이 필요하다면 꼭 한 번 방문해 큰 도움을 받아보길 바랍니다.

특히 '금융꿀팁' 카테고리에는 실생활에 필요한 정보가 많이 담겨 있습니다. 서민정책 금융 상품이나, 잠자고 있는 숨은 내 돈을 찾는 방법 등 유용한 '꿀팁'이 가득하니 자주 방문해서 생활에 도움 되는 정보를 얻어 가길 바랍니다.

③ 전국은행연합회 홈페이지(kfb.or.kr)

전국은행연합회 홈페이지

전국은행연합회는 은행 간의 업무 협조를 목적으로 조직된 단체입니다. 대출을 받는 차주 입장에서는 금리에 관한 정보를 상세

하게 얻을 수 있습니다. 은행별 가계대출금리를 비롯하여 한국주택금융공사(HF) 관련 대출금리, 예금금리 등을 파악할 수 있습니다. 은행의 기준금리가 되는 COFIX 공시도 이곳에서 확인할 수 있습니다.

④ 금융소비자정보포털 파인(fine.fss.or.kr)

금융소비자정보포털 파인 홈페이지

파인은 금융감독원에서 운영하는 사이트입니다. 잠자는 내 돈을 찾는 방법부터 예금, 대출, 펀드, 보험 등의 금융 정보를 한눈에 볼 수 있습니다. 자동이체내역이나 카드 포인트 등을 조회할 수 있고, 금융 자문 서비스나 금융 관련 팁을 제공하기도 합니다. 다양한 금융 상품을 서로 비교해 볼 수 있다는 점이 특히 유용합니다.

⑤ 레오대출연구소 블로그(blog.naver.com/yujinkr2)

레오대출연구소 블로그

위에 소개된 사이트에서 제공하는 자료 중 꼭 필요한 자료만 엄선해 쉽게 이해하고 싶은 분들은 제가 운영하는 블로그에서 도움을 받을 수 있습니다. 다양한 사례를 소개하며 대출과 관련된 여러 상품을 직접 시뮬레이션해 볼 수 있습니다. 매주 은행 동향을 브리핑하며 실시간으로 현장 금리를 전하고, 은행별 이슈나 대출 관련 용어, 좋은 상품 정보, 대출 트렌드 등을 공유하고 있습니다.

차주를 괴롭히는 '약정서' 총정리!

규제지역(투기과열지구·조정대상지역)에서는 주택담보대출을 받으며 여러 약정서를 작성합니다. '전입 의무 조건', '추가 주택 매수 금지 조건' 등 이름만 들어도 무시무시한 약정들입니다. 처음 대출을 받으러 가면 은행에 오래 앉아 있는 것부터가 낯설고 힘든데, 여러 가지 약정서까지 등장하면 나중에는 뭐가 뭔지도 모른 채 마구 서명을 하게 됩니다.

이를테면 '전입 의무 조건' 약정서에 서명을 했는데 '추가 주택 매수 금지 조건'에 서명을 한 줄 알고 추가 주택 매수 타이밍을 놓친다거나, 거꾸로 '추가 주택 매수 금지 조건'에 서명을 했는데 이를 잊고 추가 주택을 매수했다가 대출이 전액 회수되는 경우도 생각보다 많습니다.

따라서 은행에서 약정서에 서명을 할 때는 반드시 사진을 찍어두고, 자신이 어떤 약정서에 서명을 했는지 약정서의 명칭을 정확히 기억해야 합니다.

다음은 차주가 작성해야 할 약정서의 종류입니다. 약정서가 다 같은 약정서가 아님을 보여드리기 위한 용도이므로, 나에게 효력이 발생하는 약정서가 있다면 별표를 해두길 바랍니다.

① 추가 약정서

(주택구입목적 주택담보대출 고지의무 관련 추가약정용)

> 채무자가 속한 세대의 세대원이 대출 실행일 주택(분양권 및 조합원 입주권 등 포함)을 보유하고 있는 경우 신고하지 않을 때 본 대출의 기한의 이익은 상실하게 되고, 그에 따라 본 대출을 즉시 변제할 의무를 집니다.

이 약정서는 비규제지역에서 주택을 매수할 때 대출 한도 70%를 모두 받는 분들이 작성합니다. 매수한 주택 이외의 집이 없다는 것을 약속하는 약정서로, 주택이 있음을 숨겨서는 안 된다는 내용입니다.

② 추가 약정서
(처분에 대한 주택담보대출 추가약정용)

> 채무자가 속한 세대의 세대주 또는 세대원은 대출 실행일 구입대상 주택이 규제지역에 소재하는 주택인 경우
>
> 2년 이내에 처분대상 주택을 처분(명의이전 완료)해야 합니다.

규제지역에서 주택을 매수할 때 서명하는 약정서입니다. 1주택자가 추가 주택을 매수한 경우 2년 이내에 기존 주택을 처분해야 한다는 내용입니다.

③ 추가 약정서

(고가주택 임차보증금 반환 추가약정용)

투기지역·투기과열지구·조정대상지역(이하 '규제지역') 소재 시가 9억 원 초과 주택(이하 '고가주택'이라고 합니다)을 보유하고 있는 세대의 세대주 또는 세대원인 채무자(또는 그 배우자)가 해당 고가주택에 대한 임차보증금 반환을 위하여 대출 실행 당시 채무자가 속한 세대의 세대주 또는 세대원이 3개월 이내에 해당 고가주택에 전입하는 것.

채무자가 속한 세대의 세대주 또는 세대원은 본 대출 실행일로부터 전액 상환 전까지 명시된 주택 외에 추가로 주택(분양권 및 조합원 입주권 등 포함)을 구입하지 않습니다.

규제지역에서 9억 원을 초과하는 주택에 전세퇴거자금대출(305p)을 받을 때 작성합니다. 이후 3개월 이내에 전입신고를 마친 등본을 은행에 제출해야 합니다. 더불어 이 대출을 실행하고 나서는 추가로 주택을 매수할 수 없다는 내용을 담고 있습니다.

④ 추가 약정서

(생활안정자금 주택담보대출 추가약정용)

> 채무자가 속한 세대의 세대주 또는 세대원은 본 대출 실행
> 일로부터 전액 상환 전까지 명시된 주택 등 외에 추가로
> 주택 등을 구입하지 않습니다.

생활안정자금대출(297p)이나 규제지역에서 9억 원 이하의 주택에 전세퇴거자금대출을 받을 때 작성합니다. 추가로 주택을 매수할 수 없다는 조항이 들어 있습니다.

⑤ 추가 약정서 *신용대출용

(고액신용대출의 사후용도관리 강화 관련 추가약정용)

> 주택 추가 구입 금지의무ㅣ채무자는 본 대출 실행일로부
> 터 1년 또는 대출 전액 상환시기 중 빠른 일자까지 투기지
> 역·투기과열지구·조정대상지역 내 주택(분양권 및 조합원 입
> 주권 등 포함)을 구입하지 않기로 합니다.

신규로 1억 원을 초과하는 신용대출을 받거나, 기존 신용대출에 추가로 신용대출을 받아서 잔액이 1억 원을 초과(모든 금융기관 합계)했을 때 작성하는 약정서입니다. 규제지역에서 1년간 추가 주택을 매수할 수 없다는 내용을 담고 있습니다.

⑥ 추가 약정서 *전세대출용

(주택 취득 제한 등에 대한 전세자금대출 추가약정용)

> 주택 취득 등 제한 | 채무자 및 그 배우자가 본 대출 기간 동안 고가주택을 취득하거나, 2주택 이상을 취득하거나, 규제 대상 아파트를 취득하지 않습니다.

전세대출을 받고 나서 일정 금액 이상의 주택을 매수할 수 없다는 내용의 약정서입니다. '고가주택'이란 '9억 원 초과 주택'을 말하며, '규제대상 아파트'란 '투기과열지구 내 3억 원 초과 아파트'를 의미합니다.

6장

1주택자가
가장 빨리 부자 되는
레버리지 기술 6

생활안정자금대출은
급전이 필요할 때 쓸 수 있나요?

이름이 '생활안정자금대출'이다 보니 형편이 크게 어려운 경우나 무주택자가 받을 수 있는 대출이라 생각하기 쉽지만 사실 생활안정자금대출은 내가 소유한 주택을 담보로 받는 주택담보대출입니다. 1주택자부터 다주택자까지 의료비나 자녀학자금 등 생활 자금을 목적으로 1년에 최대 2억 원(2022년 8월 1일부터)을 지역별 LTV 한도 안에서 빌릴 수 있습니다.

다주택자도 대출을 받을 수 있다는 점은 반가운 부분입니다. 또한 투기과열지구에서 KB시세 15억 원이 넘는 아파트 보유자도 생활안정자금대출을 받을 수 있습니다. 투기과열지구에서 1주택자는 LTV 40%(KB시세 9억 원 이하분)+20%(KB시세 9억 원 초과분) 한도 안에서, 다주택자는 LTV 30%(KB시세 9억 원 이하분)+10%(KB시세 9억 원 초과분) 한도 안에서 1년에 최대 2억 원을 빌릴 수 있습니다. 조정대상지역이나 비규제지역에서도 LTV 한도 안에서 매년 2억 원

생활안정자금대출이 가능한 범위(2022년 8월 기준)

주택 가격	구분	투기과열지구		조정대상지역		그 외 지역	
		LTV	DTI	LTV	DTI	LTV	DTI
9억 원 이하	1주택자	40%	40%	50%	50%	70%	60%
	다주택자	30%	30%	40%	40%	60%	50%
9억원 초과	1주택자	9억 원 이하분 40% + 9억 원 초과분 20%	40%	9억 원 이하분 50%+9억 원 초과분 30%	50%	70%	60%
	다주택자	9억 원 이하분 30% + 9억원 초과분 10%	30%	9억 원 이하분 40%+9억 원 초과분 20%	40%	60%	50%

*총대출액 1억 원 초과 시 DSR 40% 적용

까지 대출받을 수 있습니다.

'1년에 최대 2억 원'이라는 말은 LTV 한도를 꽉 채우지 않아도 1년 동안은 2억 원까지만 빌릴 수 있다는 의미입니다. 추가로 더 받고 싶다면 다음 연도까지 기다렸다가 생활안정자금대출을 또 신청해야 하는 것이지요. 전년도에 받은 대출을 갚지 않은 상태에서 대출을 이어서 받는 것도 가능합니다. 생활안정자금대출도 주택담보대출이기 때문에 한 번 받을 때마다 만기는 30~40년씩 설정할 수 있으니까요.

그런데 제가 계속 'LTV 한도 안에서'라는 단서를 강조하는 이유가 있습니다. 담보로 한 집을 매수할 때 이미 LTV 한도를 가득 채워서 대출을 받은 사람은 더 이상 생활안정자금대출을 받을 수 없기 때문입니다. 물론 살면서 집값이 오르는 경우도 있습니다. 이 때는 집값이 오른 만큼 대출 한도가 더 생기는데, 서울과 같은 투기과열지구에서는 KB시세가 1억 원 오를 때 4000만 원(1억 원× LTV 40%)을 추가로 대출받을 수 있습니다.

생활안정자금대출을 받을 때에는 각별히 주의해야 할 점이 있습니다. 이 대출을 받고 나서는 추가로 주택을 매수할 수 없다는 점입니다. 생활안정자금대출을 받아서 그 돈으로 집을 사서도 안

되지만, 대출금을 전부 갚기 전까지는 여윳돈이 생겨도 집을 매수해선 안 됩니다. 대출을 받을 때 '추가 주택 매수 금지' 약정서를 써야 하기 때문이지요. 간혹 주택을 여러 채 보유한 다주택자 중에는 생활안정자금대출을 받은 사실을 까맣게 잊고 무턱대고 좋은 매물에 계약금부터 입금하는 분들이 있습니다. 하지만 약정서를 쓴 이상 그 약속은 지켜야 합니다. 기존 주택 매매는 물론이고 가족에게 증여를 받아서도 안 됩니다. 분양 역시 마찬가지입니다. 청약에 당첨되었다면 계약 전에 생활안정자금대출을 갚아야 합니다. 청약에 당첨되는 것 자체는 문제가 될 게 없지만 계약을 하고부터는 집을 매수한 격이 되기 때문입니다.

제 고객 중에는 이런 분도 있었습니다. 오래된 땅을 보유하고 있었는데 운이 좋았는지 그 땅이 재개발 구역에 수용되면서 입주권을 받았습니다. 번뜩 '생활안정자금대출을 받았는데!'라는 생각이 들었고, 자세히 알아본 결과 입주권을 포기하든지 당장 생활안정자금대출을 갚든지 둘 중 하나를 선택해야 했습니다. 당연히 입주권을 포기하기보다는 무리를 좀 해서라도 생활안정자금대출을 갚는 편이 수익률 면에서 훨씬 이득이므로, 저는 신용대출 등을 통해서라도 생활안정자금대출을 갚으라고 조언해 드렸습니다. (다만 생활안정자금대출을 받은 상태에서 주택을 상속받는 것은 가능합니다. 불가항

추가약정서

(생활안정자금 주택담보대출 추가약정용)

제3조 (주택 등의 추가 구입 금지의무 등)

① 채무자가 속한 세대의 세대주 또는 세대원은 본 대출 실행일로부터 전액 상환 전까지 제2조에 명시된 주택 등 외에 추가로 주택 등을 구입하지 않습니다. (매매, 증여, 신축 등에 따른 소유권 취득. 다만 상속에 의한 취득은 제외)

② 채무자는 본 대출 전액 상환 전까지 세대주 또는 세대원에 변경이 생긴 때에는 지체 없이 그 변경내용을 은행에 신고하여야 합니다.

력적으로 주택이 늘어난 경우이므로 약정 위반으로 보지 않습니다.)

이처럼 약정서는 꼼꼼히 읽고 기억해 둔 다음 약속을 지키기 위해 노력해야 합니다. 약정서를 위반하면 대출금이 전액 회수될 뿐 아니라, 3년 동안 전세대출과 주택담보대출 등 주택에 관한 대출을 받을 수 없기 때문입니다.

일반적으로 생활안정자금대출은 의료비나 교육비 등의 목적으로 신청합니다. 자금의 사용처를 밝히는 것이 의무는 아니나 간혹 은행에서는 자금의 용도를 묻기도 합니다. 가끔 은행원 앞에서 쓸데없는 말실수를 할까 봐 이런 대답을 하는 분들도 있다고 합니다. "용도는 말씀드릴 수 없습니다.", "어디에 쓸지 말하기 곤란한데요." 그런데 이런 말이 오히려 난감한 상황을 만들 수도 있습니다. '은행원의 월급도 결국에는 나의 이자에서 나온다'는 생각으로, 목적에 맞는 사용처를 당당히 밝히길 바랍니다.

하지만 너무 세세한 답변도 지양해야 합니다. 제 고객 중에는 이런 분도 있었습니다.

은행원: 대출받아서 어디에 쓰실 건가요?

고　　객: 처제가 집 사는 데 보태줄 거예요.

은행원: 집을 사신다고요? 저희 은행에서는 대출해 드릴 수 없습니다.

고　　객: 네? 다른 용도로 신청서를 써도 어떻게 안 될까요?

은행원: 집을 사신다는 말씀을 들은 이상 어쩔 수 없습니다.

이 대화를 듣고 너무나 안타까웠습니다. '처제가 집 사는 데 돈을 빌려준다는 사실을 뭐 하러 솔직하게 밝힌 거지?'라는 생각 때문이 아니라, '추가 주택 매수 금지'에 대한 의무는 대출받은 차주와 대출받을 당시의 등본상 직계존비속에게만 해당되기 때문입니다. 즉, 처제의 명의로 집을 사는 것은 아무런 문제가 되지 않습니다. (물론 이런 경우에는 차용증을 잘 쓰고 이자도 잘 받아두어야 합니다.) 그런데 간혹 은행원 중에는 "집을 산다"라는 말에 굉장히 민감하게 반응하며 "무조건 안 됩니다"라고 딱 잘라 거절하는 경우가 있습니다. 돈을 빌려주는 쪽에서 완강하게 나오면 대출받는 입장에서는 상황을 돌파하기가 힘들 것입니다. 그러니 필요 이상으로 구체적인 대답보다는 "처제에게 빌려준다" 정도만 은행원에게 밝혀도 적당할 것 같습니다.

더불어 1장에서도 다룬 바 있듯이 생활안정자금대출도 다른 대출처럼 상환에 신중해야 합니다. 생활안정자금대출은 1년에 2억 원까지만 대출이 가능하기 때문에 추가로 더 받으려면 다음 연도까지 기다려야 합니다. 새로운 한도는 대출받은 날로부터 1년 뒤가 아니라, 매년 1월 1일에 발생한다는 점도 기억하길 바랍니다.

예를 들어 전세 세입자의 계약 기간이 만료되어 보증금을 내

주어야 할 때도 생활안정자금대출을 받을 수 있을까요? 물론입니다. 그리고 세입자를 퇴거시키기 위한 대출은 '전세퇴거자금대출'이라는 이름으로 불립니다. 이에 관한 이야기는 다음 질문에서 자세히 설명해 보겠습니다.

긴급생계용도 주택담보대출

Plus Check!

2022년 8월부터는 DSR을 보지 않는 '긴급생계용도 주택담보대출'의 한도가 1억 원에서 1억 5000만 원으로 상향되었습니다. 하지만 이 대출은 금융사별 여신심사위원회의 승인을 받아야 합니다. 그런데 그 허들을 넘기가 '하늘의 별 따기'보다 어렵다는 게 크나큰 함정입니다. 가히 천재지변에 준하는 일을 겪고서 생계가 급속도로 나빠지지 않는 한, 차라리 이 대출은 '없다'라고 생각하는 게 정신건강에 더 이로울 수 있습니다.

질문

41

전세퇴거자금대출은
세입자를 내보낼 때 유용한가요?

세입자가 들어 있는 집을 매수하면 훗날 다음과 같은 상황이 벌어
질 수 있습니다. 첫째, 다음 세입자가 구해지지 않아 일단 기존 전
세보증금을 사비로 충당하고 하염없이 다음 세입자를 기다린다.
둘째, 세입자를 내보낸 뒤 그 집에 내가 실거주한다. 셋째, 세입자
를 내보낸 뒤 공실 상태로 매도한다. 이 세 가지 경우 모두 '세입자
를 내보낸다'는 공통점이 있습니다. 만약 세입자와 계약이 만료되

어 전세보증금을 내주어야 하는데 돈이 없다면 어떻게 해야 할까요? 바로 이때 전세퇴거자금대출을 유용하게 활용할 수 있습니다.

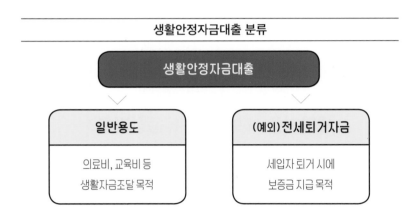

생활안정자금대출 분류

생활안정자금대출

일반용도	(예외)전세퇴거자금
의료비, 교육비 등 생활자금조달 목적	세입자 퇴거 시에 보증금 지급 목적

전세퇴거자금대출은 생활안정자금대출이라는 뿌리에서 파생된 상품입니다. 다만 생활안정자금대출은 지역별 LTV 한도 안에서 매년 최대 2억 원을 빌릴 수 있는 반면, 전세퇴거자금은 세입자를 보호하기 위해 생활안정자금대출보다는 한도가 높습니다.

전세퇴거자금대출을 받을 때는 은행에 전세계약서 사본을 제출해야 합니다. 그러면 은행에서는 계약서에 적힌 '세입자의 전세보증금'과 '생활안정자금의 지역별 LTV' 중에서 낮은 금액을 기준으로 대출금을 내어줍니다. 다만 순수한 생활안정자금과는 달리 다주택자에게는 다소 제약이 따릅니다.

보유 주택 수에 따른 전세퇴거자금대출 요건

주택 수	내용
1주택자 (2주택자 및 다주택자에게도 공통 적용)	- '세입자의 전세보증금'과 '생활안정자금대출의 지역별 LTV 한도' 중 낮은 금액이 최대 한도 - 2019년 12월 17일 이전 계약한 투기과열지구 내 15억 원 초과 아파트는 가능 - 2019년 12월 17일 이후 계약한 투기과열지구 내 15억 원 초과 아파트는 불가(생활안정자금대출만 가능) - 투기과열지구·조정대상지역에서 9억 원 초과 아파트는 전세퇴거자금대출 시행 후 3개월 이내에 전입 의무 - 총대출액 1억 원 초과 시 DSR 40% 적용 - 추가 주택 매수 금지 약정서 작성
2주택자	- 대출 신청 시 1주택 매도 사실을 증빙(매매계약서, 계약금영수증 등 관련 서류)하면 대출 신청 가능, 그러지 못할 경우 다주택자로 분류 - 대출 실행일보다 기존 주택 매도일이 늦으면 LTV 10%p 차감(제2금융권 규정은 다를 수 있음)
다주택자	- 투기과열지구·조정대상지역에서는 대출 불가(생활안정자금대출으로만 가능) - 비규제지역에서는 가능

　　원칙상 규제지역(투기과열지구·조정대상지역)에서는 1주택자만 전세퇴거자금대출을 받을 수 있습니다. 2주택자는 대출 실행일까지 두 채 중 한 채를 매도하거나, 곧 처분이 완료된다는 매도계약

서를 지참해야만 전세퇴거자금대출을 받을 수 있습니다. 다주택자는 규제지역에서는 대출이 불가합니다. (다주택자는 매년 LTV 한도 안에서 최대 2억 원까지 가능한 생활안정자금대출에 만족해야 합니다.)

또한 규제지역에서 9억 원을 초과한 주택에 전세퇴거자금대출을 받는다면 3개월 이내에 전입신고를 해야 합니다. 즉, 3개월 안에 내가 그 집으로 들어가야 합니다. 하지만 전입을 계속 유지해야 한다는 조건은 따로 명시되어 있지 않습니다(2022년 8월 기준). 일단 전입신고만 완료하면 약속을 이행한 것으로 보기 때문에, 다시 전세를 놓아야 할 때는 빠르게 전입신고를 마치고 은행에 등본을 제출해야 합니다. 최근에는 약정서에 위장전입을 하면 안 된다는 문구가 추가되었으니, 대출 신청 시 약정서 내용을 꼼꼼히 살피길 바랍니다.

더불어 투기과열지구에서 15억 원 초과 아파트를 보유하고 있고, 그 집으로 전세퇴거자금대출을 받고 싶다면 자신이 2019년 12월 17일 이전에 그 집을 계약했는지를 따져야 합니다. 2019년 12월 18일 이후에 집을 계약했다면 그 집을 담보로는 전세퇴거자금대출을 받을 수 없습니다. (생활안정자금대출은 가능합니다.)

한편 비규제지역에서는 다주택자도 전세퇴거자금대출을 받을 수 있습니다. 마치 죄인이 된 것처럼 '무조건 안 된다'는 말만 들어온 다주택자들 입장에서는 조금이나마 숨통이 트이는 소식입니다. 하지만 그렇다고 해서 무분별한 '갭투자'로 다주택자가 되기에는 리스크가 크다는 점도 분명히 말씀드리고 싶습니다. 저는 현장에서 일하다 보니 세입자의 전세퇴거일에 맞춰 돈을 준비하지 못해 발을 동동 구르는 다주택자들과 자주 만나곤 합니다. 규제지역은 규제지역 나름대로 대출이 나오지 않아서 힘들고, 비규제지역은 또 비규제지역 나름대로 다음과 같은 고충이 있습니다.

보통 '성공적인 갭투자'라고 하면 어떤 게 떠오르나요? 아마 대부분은 '매매가격'과 '세입자의 전세보증금' 사이에 차액이 적을 때, 즉 세입자의 전세보증금과 매매시세가 거의 딱 붙어 있어 투자금이 적게 들 때 '성공적인 갭투자'라고 말합니다. 그런데 그 '적은 갭'이 오히려 발목을 잡는 경우도 있습니다. 오랜만에 고길동 씨를 다시 만나보겠습니다.

다주택자인 고길동 씨는 비규제지역에서 투자금 3000만 원으로 전세세입자가 살고 있는 주택을 매수했습니다. 매매가격은 3억 원이었고, 세입자 마이콜 씨의 전세보증금은 2억 7000만 원이었습니다. 전세보증금이 매매시세에 매우 근접한 '성공적인 갭투자'였습니다.

그로부터 얼마간의 시간이 지나고 마침내 마이콜 씨의 전세 만기일이 다가왔습니다. 마이콜 씨는 전세 연장을 하지 않고 전세 보증금을 돌려받고 집을 빼겠다고 선언했습니다. 고길동 씨는 마이콜 씨가 퇴거하는 날에 맞춰 새로운 세입자를 들이고 그에게서 받은 보증금을 마이콜 씨에게 돌려주기로 마음 먹었습니다. 여기까지는 여느 집주인과 다르지 않은 계획일 것입니다.

그런데 문제가 생겼습니다. 마이콜 씨가 퇴거하는 날에 맞춰 입주하겠다는 사람이 한 명도 나타나지 않은 것입니다. 만기일에는 반드시 마이콜 씨에게 보증금을 돌려줘야 하는데, 새로운 세입자를 구하지 못했으니 고길동 씨는 보증금 2억 7000만 원을 전액 스스로, 어떻게든, 알아서 만들어 와야 하는 것입니다. 그때 고길동 씨는 '전세퇴거자금대출'이라는 말에 눈이 번쩍 뜨였습니다. 하지만 기뻐할 새도 없이, 이번에는 대출 한도가 발목을 잡았습니다.

다주택자는 비규제지역에서 KB시세의 60%까지 대출받을 수 있습니다. 고길동 씨가 소유한 주택은 KB시세가 3억 원으로, 전세퇴거자금대출의 한도는 최대 1억 8000만 원(3억 원×60%)입니다. 마이콜 씨가 준 전세보증금이 2억 7000만 원이니 아직 9000만 원이나 부족한 셈입니다. 도대체 9000만 원을 어디서 구해야 할까요? 그것이 다주택자이자 '성공적인 갭투자'를 한 고길동 씨가 반드시 풀어야 할 숙제입니다. 신용대출을 받는다고 해도 1억 원에 가까운 돈을 융통하기는 쉽지 않아 보입니다.

고길동 씨의 이야기를 이렇게 깊게 들여다본 이유는, 전세가 들어 있는 물건에 투자할 때에는 반드시 '세입자의 계약 종료 시기'를 잘 맞출 전략과 각오가 세워져 있어야 한다는 의도에서였습니다. 고길동 씨처럼 투자한 주택이 단 한 채라도 이런 상황을 맞닥뜨리면 정말 버거운데, 만일 주택이 여러 채라면 어떨까요? 무분별하게 갭투자를 하면 이러한 문제가 동시에 터졌을 때 정말로 손쓸 수 없는 지경에 이를 수 있습니다. 내가 감당할 수 없는 금액에 세입자를 들이는 일도 주의해야 하고, 주택 수 늘리기에 급급한 갭투자도 반드시 지양해야 합니다.

다시 본론으로 돌아와, 보금자리론과 적격대출로도 전세퇴거자금대출을 받을 수 있습니다. 물론 조건이 잘 맞아야겠지요. 또한 전세퇴거자금대출도 생활안정자금대출의 일부이기에 '추가 주택 매수 금지' 약정서를 써야 합니다. 대출을 실행하는 차주뿐만 아니라 차주와 같은 등본에 있는 직계존비속은 집을 사서는 안 됩니다. 따라서 전세퇴거자금대출을 받을 때에는 등본상 가족 구성원이 적을수록 유리하다는 점을 팁으로 알고 계시길 바랍니다.

추후 가족 구성원이 세대를 분리해 집을 매수하려고 하면 반드시 전세퇴거자금대출을 받은 은행에 분리된 등본을 제출해야 합니다.

Plus Check!

전세퇴거자금대출의 중도상환수수료

전세퇴거자금대출도 주택담보대출이므로 3년 동안은 중도상환수수료(0.9~1.5%)가 있습니다. 세입자를 내보내고 직접 그 집에 입주할 목적으로 전세퇴거자금대출을 받았다면 문제될 것이 없지만, 곧바로 다른 세입자를 받아야 한다면 중도상환수수료 부담 문제까지 염두에 두고 있어야 합니다. 세입자 간의 퇴거·전입일을 맞출 수 없다면, 기존 세입자와 원만하게 협의하여 퇴거 일자를 조정할 수 있도록 노력하는 게 가장 바람직한 방법입니다.

기존 대출의 저금리를 유지하면서
주택을 갈아타기할 수 있나요?

그런 방법은 없습니다. 단호하게 답변을 드려 깜짝 놀라셨나요? 금리가 높아지는 시기마다 제가 정말 많이 받는 질문인데요. 기존 주택에 받아놓은 저금리 대출을 계속 유지하면서 목적물(주택)만 변경하고 싶다는 생각은 충분히 이해가 됩니다. 가령 2년 전에 연 2%대의 금리로 주택담보대출을 받아서 분당 아파트를 매수했는데, 갈아타기를 위해 지금 와서 연 4%대의 금리로 서울 아파트를 매수하려고 하니 속이 쓰릴 수밖에 없겠지요. 하지만 이는 애초에 불가능한 일이므로 단념하는 편이 좋습니다. '새 술은 새 부대에'라는 말이 있듯이 분당 아파트의 대출은 매도 시 그것대로 잘 상환하고, 서울 아파트를 매수할 때는 새로운 대출을 받아야 하는 것입니다.

반대로 이런 질문을 하는 분들도 있습니다. "매도인이 받아놓은 대출을 제가 인수할 수는 없나요? 그 집에도 대출은 있을 거잖아요." 이 역시 불가능합니다. 나에게 부동산을 매도하는 사람이 기존에 얼마나 낮은 대출 금리를 이용했든, 차주가 달라진 이상 그 사람의 대출 조건을 그대로 나에게 승계할 수는 없습니다. 주택 가격도 달라졌을 것이고 각자의 소득 수준이나 원하는 한도도 다 다를 수밖에 없을 테니까요. 그렇기에 대출을 승계하는 건 청약의 중도금대출 승계 외에는 거의 다 불가능하다고 보는 게 좋습니다.

거듭 강조하건대 부동산을 매수할 때 '대출 금리'가 최우선의 판단 기준이 되어서는 안 됩니다. 그보다는 내가 매수한 물건의 가치가 향후 얼마나 더 좋아질지에 방점을 찍어야 합니다. 물론 그러기 위해서는 입지나 교통망, 미래 호재 분석에 관한 공부를 꾸준히 병행해야겠지요.

저는 1%대의 금리로 주택담보대출을 받아서 집값이 한 푼도 오르지 않는 경우보다는, 차라리 10%대의 금리로 신용대출을 받아

일시적 1세대 2주택을
유리하게 활용할 방법이 있나요?

그동안 대출에서는 '일시적 1세대 2주택'이라는 말을 사용하지 않았습니다. 이는 대출 관련 용어가 아니라 세금 관련 용어였기 때문입니다. 세금에서는 기존 주택과 신규 주택 모두 조정대상지역(세금 분야에서는 투기과열지구까지를 포함해 '조정대상지역'이라 부릅니다)에 있으면, 신규 주택을 취득하고 2년 이내에 기존 주택을 처분할 시 양도세 비과세 혜택을 제공했습니다. (2022년 5월 1일 이전에는 기존 주택을 1년 이내에 처분하고 세대원 전원이 신규 주택에 의무적으로 전입신고를 해야 했습니다.) 이에 이사 등의 이유로 집을 한 채 더 매수한 1주택자가 기존 주택을 처분하기 전까지의 기간을 '일시적 1세대 2주택'이라 부른 것입니다.

그런데 대출에서는 기존 주택을 처분해야 하는 기간이 세금에 비해 조금 더 엄격했습니다. 1주택자가 규제지역(투기과열지구·조정대상지역)에서 갈아타기의 목적으로 주택담보대출을 신청할 때는, 기존 주택을 6개월 이내에 처분하고 신규 주택으로 대출받은 당사자나 세대원이 전입신고를 해야 한다는 조건이 붙었던 것입니다. 그래서 저는 항상 대출과 세금을 명확하게 구분해야 한다고 말했습니다. 대출에서는 일시적이건 상시적이건 '2주택자'는 무조건 '다주택자'로 분류됐기 때문입니다.

그런데 2022년 8월 1일부터 대출 규정도 다소 완화되었습니다. 이사 등의 이유로 1주택자가 주택담보대출을 받아야 할 때는 기존 주택을 '2년 안'에만 매도하면 되고, 신규 주택에 전입할 의무도 없어졌습니다. 즉, 세금과 연계해서 생각할 수 있게 된 것입니다. 2022년 상반기와 같이 매도가 쉽지 않은 기간에는 '선매수 후매도' 한 분들의 걱정이 많았는데, 이제는 마음의 짐을 덜 수 있게 되었습니다. 전입 의무도 사라졌으니 LTV 한도만 잘 맞는다면 세입자가 들어온다고 해도 대출 진행에 무리가 없을 것입니다. (그래도 여전히 대출과 세금은 서로 다른 부분이 상당히 많습니다. 따로 분리해서 공부하는 게 현명합니다.)

만약 약속한 기존 주택의 처분 기한을 지키지 못한다면 어떻게 될까요? '다주택자는 규제지역에서 매매잔금을 위한 주택담보대출을 받을 수 없다'는 규정에 따라, 신규 주택을 담보로 받아놓았던 대출금은 전액 회수됩니다. 또한 3년 동안 주택과 관련한 대출(전세대출·주택담보대출)을 받을 수 없다는 점도 명심해야 합니다.

2년 이상 2주택을 유지하며 똑똑한 갈아타기를 하고 싶다면, 대출보다는 전세 레버리지를 이용하는 게 좋은 방법입니다. 주택담보대출을 받지 않고 세입자가 낀 집을 매수한 뒤, 세입자의 퇴거일에 맞춰 전세퇴거자금대출을 받고 입주하는 방법입니다. 단, 규제지역에서 1주택자와 2주택자는 전세퇴거자금대출의 한도가 다릅니다. 따라서 반드시 기존 주택을 신규 주택의 세입자 퇴거일에 맞춰 매도하는 것이 관건입니다. 간혹 보험사 등 제2금융권에서는 기존 주택을 처분한다는 매도계약서가 있으면 지역별 LTV만큼 전세퇴거자금대출의 한도를 내줍니다. 하지만 은행에서는 매도계약서가 있어도 LTV의 10%를 차감한 뒤 DSR까지 따져보고 대출 가능 여부를 살핍니다. 은행은 기존 주택의 매도일이 신규 주택의 세입자 퇴거일보다 단 며칠이라도 늦어져도 차주를 2주택자로 분류하기 때문에, 이 경우 LTV 한도가 10%p가량 낮아진다는 것을 꼭 염두에 두어야 합니다.

경매로 갈아타기할 때
주의해야 할 점이 있나요?

경매는 시세보다 물건을 싸게 매수할 수 있어 '부동산 투자의 꽃'

이라고 불립니다. 저 역시 처음에는 경매로 부동산 투자에 입문

했고, 좋은 물건을 고르는 안목을 기르기 위해 경매 관련 서적을

100권 이상 읽었습니다. 부동산을 아무리 싸게 매수할 수 있다고

해도 좋은 입지에, 누구나 눈독을 들이는 물건은 눈치 싸움이 상당

히 치열하고, 권리분석과 명도(낙찰받은 부동산에 살고 있는 소유자나

임차인이나 기타 점유자 등을 내보내는 행위)에도 많은 공부와 노하우가

필요하기 때문입니다.

이미 시장에는 잘 정리된 경매 서적과 훌륭한 강사들이 많습니다. 경매는 부동산 투자에 뛰어든 여러분이 꼭 한 번 공부해 보기를 바라며, 저는 이 책에서 주택을 낙찰받고 빌리는 '경락잔금대출'에 대해 집중적으로 설명하겠습니다. (수익형 부동산의 경락잔금대출은 381p 참고)

흔히 경매 잔금을 치를 때 받는 대출을 '경락잔금대출'이라고 합니다. 경매 낙찰가에서 입찰보증금을 제외한 나머지 금액(잔금)을 빌리는 대출을 뜻합니다. (경매에 참여하기 위해서는 입찰보증금을 내야 합니다. 입찰보증금은 보통 법원에서 제시한 최저 매각금액의 10~20%이며, 패찰되면 그 자리에서 바로 돌려받습니다.)

한때는 경락잔금대출이 90%까지 나오던 시절도 있었습니다. 그래서 많은 분들이 지금도 '경매' 하면 '대출이 많이 된다'고 오해합니다. 하지만 주택 경락잔금대출의 한도는 일반 매매 계약을 할 때와 다르지 않습니다. 즉, 주택담보대출의 지역별 LTV(157p) 한도와 똑같습니다.

경락잔금대출 역시 투기과열지구에서의 LTV는 40%(KB시세 9억 원 이하분)+20%(KB시세 9억 원 초과분)이고, 조정대상지역에서의

LTV는 50%(KB시세 9억 원 이하분)+30%(KB시세 9억 원 초과분)이며, 1주택자는 기존 주택을 2년 이내에 처분한다는 약정서를 제출해야 합니다(2022년 7월 31일까지는 6개월 이내 처분 의무). 물론 'DSR 40%' 규제도 피해갈 수 없습니다.

간혹 경락잔금대출이 '낙찰가의 80%'까지 가능하다는 말에 현혹되는 분들도 있습니다. 물론 경락잔금대출의 정확한 한도는 '지역별 LTV'와 '낙찰가의 80%' 중 낮은 금액으로 결정됩니다. 그런데 사실 '낙찰가의 80%'로 대출받을 확률은 극히 낮습니다.

예를 한번 들어보겠습니다. 고길동 씨가 투기과열지구에 있는 KB시세 6억 원짜리 아파트를 경매에서 5억 5000만 원에 낙찰받았습니다. '지역별 LTV'를 기준으로 한도를 계산해 보면 2억 4000만 원(6억 원×40%)을 대출받을 수 있습니다. '낙찰가의 80%'로 계산해 보면 어떨까요? 한도는 4억 4000만 원(5억 5000만 원×80%)이군요. 경락잔금대출의 최종 한도는 둘 중 낮은 금액으로 결정된다고 했으니, 고길동 씨는 2억 4000만 원에 만족해야 할 것입니다. 이처럼 KB시세의 반값 이하로 낙찰을 받지 않는 한, 경락잔금대출에서 '낙찰가의 80%' 한도는 꿈꾸기 어렵습니다.

더불어 KB시세가 중요한 이유가 또 있습니다. 일반 매매와 마찬가지로 투기과열지구에서 KB시세가 15억 원을 초과하는 아파트에는 경락잔금대출이 나오지 않습니다. 간혹 KB시세가 15억 원을 넘는 아파트를 경매로 14억 4000만 원에 낙찰받아 오는 분들이 있습니다. 그러고는 대출 가능 한도를 물어보시는데요. 앞서 말했듯이 경락잔금대출 한도의 기준점은 KB시세이기에, 낙찰가가 15억 원 미만일지라도 대출이 불가능합니다.

그럼에도 경매에는 뚜렷한 장점이 있습니다.

첫째, 경매로 주택을 매수하면 자금조달계획서를 제출하지 않습니다. 2022년 8월 기준 규제지역(투기과열지구·조정대상지역)에서 주택을 매수하면 반드시 잔금일로부터 30일 이내에 공인중개소를 통해 자금조달계획서를 제출해야 합니다. 비규제지역에서 6억 원 이상 주택을 매수해도 마찬가지고요. 2017년에 발표한 '8·2 대책'은 집을 사는 모든 사람을 '잠재적 투기 수요'로 보고 자금 출처를 조사하게 했습니다. 그런데 경매로 주택을 낙찰받으면 이런 번거로운 절차를 밟지 않아도 됩니다. 그뿐만 아니라 함께 첨부해야 하는 본인 명의의 예·적금 통장 잔고, 주식·채권 보유 상황, 중고 물품 매각 영수증, 지인에게 빌린 돈의 차용증까지도 제출할 의무가 없습니다.

둘째, 토지거래허가구역에서 관할 구청의 허가를 받지 않아도 주택을 취득할 수 있습니다. 이는 그 무엇과도 견줄 수 없는 경매의 확실한 이점입니다. 토지거래허가구역에 속한 주택을 공인중개소를 통해 매매하면 반드시 2년 동안 실거주해야 합니다(매매·임대 금지). 전세를 끼고 매수할 수 없다는 점에서 투자 수요를 원천 차단하겠다는 정부와 지자체의 의도가 엿보입니다. 하지만 한편으로는 한번 진입하면 그만큼 투자 이익 자체가 큰 지역이라는 것을 쉽게 유추할 수 있습니다. 다음 표에 나온 지역이 서울시 내 토지거래허가구역입니다.

서울시 토지거래허가구역 지정 현황(2022년 8월 기준)

서울 토지거래허가구역
강남구(개포, 세곡, 수서, 율현, 자곡, 일원, 대치동 일원)
서초구(내곡, 신원, 염곡, 원지, 우면, 방배, 서초, 양재동 일원)
국제교류복합지구 및 인근지역(강남구 삼성·청담·대치동, 송파구 잠실동)
양천구·영등포구·성동구·강남구 주요 재건축 단지
공공재개발 후보지 24곳
강서구(과해, 오곡, 오쇠동)
용산구(이촌동, 한강로1, 2, 3가, 용산동 3가)

일반적인 매매 거래로 토지거래허가 절차를 밟으면 심사가 상당히 까다로운데, 경매에서는 이와 같은 과정이 아예 사라지니 정말 큰 혜택이 아닐 수 없습니다. 또 2년 동안 실거주할 의무도 없다는 것이 가장 큰 차별점입니다. 하지만 경매로 주택을 취득한 본인 세대만 토지거래허가 대상이 아닐 뿐, 향후 이 물건을 처분할 때의 다음 매수자는 반드시 구청에 토지거래허가를 받아야 합니다.

주택 갈아타기를 위해 경매를 시도한다면 다음 사실만큼은 꼭 기억하길 바랍니다. 경락잔금대출 또한 일반 주택담보대출과 동일한 규제가 적용된다고 말씀드렸습니다. 여기에 더해 '약정서'의 위력에 대해서도 꼭 숙지해야 합니다.

규제지역에서 1주택자는 2년 이내에 기존 주택을 처분한다는 약정서를 제출하고 대출을 받습니다. 그런데 간혹 고객 중에는 "처분 약정서를 쓰긴 썼는데, 대출을 받고 2년이 되기 전에 주택담보대출을 미리 갚으면 그만 아닌가요?" 하고 묻는 분들이 정말 많습니다. 하지만 약정서를 잘 들여다보시길 바랍니다. 거기에는 "반드시 기존 주택을 처분한다"라는 내용이 담겨 있지 "대출금을 갚는다"라는 내용은 없습니다. 즉, 대출을 언제 갚든 그것은 크게 중요하지 않습니다. 설령 대출금을 처분 기한보다 빨리 갚는다고 해도 기존 주택을 처분해야 한다는 의무가 사라지는 건 아닙니다. 그러니 기한 내에 기존 주택을 처분하지 않는다면, 대출금을 미리 갚아도 주택에 관한 모든 대출(전세대출·주택담보대출)을 3년 동안 받을 수 없습니다. 물론 대출금을 갚지 않고 기한을 넘기면 주택담보대출금도 회수될 것입니다.

마침내 D-Day까지!
1주택자의 갈아타기 대출 스케줄

집을 그저 거주 목적으로 생각했던 무주택 '부린이' 시절이 가고, 어느덧 갈아타기를 꿈꾸는 1주택자가 되었습니다. 그런데 말입니다. 향후 내가 지금 살고 있는 주택을 처분하고 또다시 새 주택을 살 때 대출 신청과 실행 타이밍은 어떻게 잡아야 할까요? 첫 집을 장만한 지 2년이 지나 더 나은 입지로 갈아타기를 계획한 1주택자 고길동 씨의 일기장을 한번 훔쳐보겠습니다.

◇ D-2년 (2020년 3월)

생애 첫 집을 마련했다. 드디어 나도 내 집을 갖게 되었고 더 이상 전셋집을 옮겨 다니지 않아도 된다. 인테리어도 내 마음대로 할 수 있다니 정말 꿈만 같다!

아직은 거실과 방 한 칸 정도만 내 것이고 나머지는 은행 몫인 것 같지만, 그래도 오늘의 이 벅찬 기분을 잘 기억해 둬야지.

5억 6500만 원으로 매수한 이 집으로 보금자리론 3억 원을 받았고, 연 2.43%의 이자를 고정금리로 사용한다. 아직은 높은 금리인지 낮은 금리인지 감이 잘 안 온다. 그래도 매달 원금과 함께 갚을 대출금 117만 원은 충분히 감당할 수 있다. (다음 달의 나, 정말 괜찮겠지?)

◇ **D-1년 (2021년 3월)**

단 한 번의 연체 없이 1년간 원리금을 꼬박꼬박 잘 갚았다. 그 중에서 680만 원 정도의 원금은 적금 부은 셈으로 쳐야지! 그사이 집값은 1억 원이나 올랐다. 1년 전에 대출을 공부하고 과감히 결정을 내린 나, 칭찬해~!

처음 이 집을 매수할 때만 해도 두렵고 막막한 기분이었다. 그런데 다시 한번 해보라고 하면 이제는 정말 잘할 수 있을 것 같다. 비과세 혜택을 받기 위해 남은 1년도 잘 지내봐야지. 다음에는 아쉬운 부분을 만족시켜 줄 상급지로 이사 가고 싶다.

집을 매수하고 보니 자연스럽게 입지나 교통망에 관심이 생긴다. 아이도 초등학교에 입학하면 당분간 이사 가는 것이 더 조심스러워질 테니까, 이번에는 오랫동안 거주할 수 있는 아파트를 틈틈이 알아보면서 갈아타기를 시도해 보자!

◇ D-6개월 (2021년 9월)

5억 6500만 원에 매수한 우리 아파트 시세가 7억 2000만 원이 되었다! 그런데 내 집만 오른 게 아니네…. 아무래도 다음번 이사 때는 대출을 더 받아야겠다. 1년 반 전에 집을 두 채 사두었다면 얼마나 좋았을까 아쉬움도 남지만, 그때의 나는 최선의 결정을 했고 내 집을 마련했다는 것만으로도 충분히 만족한다. 이번에 상급지로 이사를 가면서 상가나 다른 비주택 부동산에도 관심을 가져봐야지.

이사 갈 지역은 어느 정도 추려졌다. 이번에는 아이 교육에 신경 쓰면서 우리 부부의 직장과도 가까운 신도시로 옮겨 가야지. 원하는 아파트의 시세는 9억 원이 조금 넘는데 대출이 잘될지 걱정된다. 주택 가격 때문에 보금자리론은 힘들고, 투기과열지구의 LTV 한도인 40%만큼만 대출을 받을 수 있을 것 같다. 그래도 3억 6000만 원이 어디냐! 그사이 금리가 4%대로 많이 올랐지만 지금

집보다는 미래 호재가 훨씬 많다. 30년 만기로 차분히 계획을 세워보기로 했다.

집안에 돈이 넉넉하지 않은 대신 아내와 나 모두 회사 생활을 열심히 한 덕분에 신용대출은 각자 연봉만큼 8000만 원씩 받을 수 있다. 인터넷 계산기로 돌려보니 DSR도 32.89%라 은행의 최고 한도인 DSR 40%보다 낮다. 정말 다행이다. 지금 집을 매도한 뒤 대출금을 갚고 남은 4억 2000만 원을 더하면 충분히 예산을 세워볼 만하다.

주택담보대출 3억 6000만 원

+ 신용대출 합계 1억 6000만 원

+ 대출금 상환 후 남는 집값 4억 2000만 원

= 9억 4000만 원

◇ D-90일 (2022년 4월)

현재 살고 있는 집을 부동산에 내놓은 날 시장 상황을 살펴보았다. 지금까지 공부한 바에 따르면 매도자 우위 시장에서는 물건을 잡기가 어려우니 '선매수 후매도'를, 매수자 우위 시장에서는 내 집을 파는 게 관건이니 '선매도 후매수'가 안전하다.

지금은 매수자 우위 시장인 것 같다. 덜컥 새로운 집부터 계약했다가는 지금 집이 안 팔려 자금 계획이 틀어질 수 있으니, 안전하게 내 집부터 매도하기로 했다. 부동산에 물건을 내놓으면서 물어보니 역시나 같은 단지 내 물량이 많다고 한다. 집이 잘 팔려야 할 텐데….

◇ D-75일 (2022년 4월)

수시로 손품과 발품을 팔면서 목표한 아파트의 매물을 들여다보았고, 급매를 발견한 김에 우리 집 호가도 조금 낮췄더니 운 좋게 매수자가 금방 붙었다. 마음고생 덜고 처음에 세운 예산 계획대로 매도한 게 어디냐! 호갱노노와 아실, 네이버부동산을 이 잡듯이 뒤진 보람이 느껴진다.

부동산에 전화해 매물을 볼 일정을 잡고, 간 김에 아이의 학군 근처와 주변의 유흥시설, 지하철역과의 동선도 살펴보았다. 그래도 한번 집을 매수한 경험이 있어서 그런지 이제는 아내와 손발이 척척 맞는다. 무리해서라도 더 넓은 평수로 계약하고 싶었지만 조금만 더 참기로 했다. 젊을 때 내 집에 대한 욕심을 줄이고 조금 여윳돈이 생긴다면 수익형 부동산을 공부해 볼 생각이다. 지금도 내가 가진 자산 안에서 미래 가치가 충분한 주택을 골랐고, 2년 거주 비과세 요건도 챙겼으니 최선을 다한 선택이다.

띠링-. 방금 매도된 이 집의 가계약금을 받았다. 나도 매수할 집의 가계약금을 보내야겠다.

◇ D-60일 (2022년 5월)

엊그제는 매도계약서를 작성했고 오늘은 새 집의 매매계약서를 쓰고 왔다. 가계약금을 입금하면서 등기부등본상 소유자와 입금주명이 일치하는지 부동산을 통해 확인하기를 잘한 것 같다. 친누나 계좌로 받는다며 괜찮다고 하는데 사람 일은 모르는 법! 언제 어디서 어떤 일이 벌어질지 모른다. 예전에 아는 선배가 부동산을 매수하던 타이밍에 비규제지역이 규제지역으로 바뀌었는데, 그때 가계약금을 입금한 내역을 증빙할 수 있는 사람에 한해 비규제지역을 기준으로 대출금이 나왔다고 들었다. 규제지역과 비규제지역의 LTV 한도 차이가 얼마나 크던가! 만일의 사태에 대비해 모든 사항을 꼼꼼히 짚고 넘어가기로 했다.

부동산에서 만난 소유자는 인상이 좋아 보였다. 부디 잔금 때까지 별 탈이 없어야 할 텐데. 그래도 공인중개사를 통하는 만큼 분쟁의 요소는 어느 정도 걸러지리라 믿는다.

두 번째 집 계약이다 보니 사소한 사항들도 매매계약서에 모두 적어두기로 했다. 첫 집을 매수할 때 잔금 일정을 바꾸는 데 협의하지 않았더니, 입주 전 인테리어 견적을 미리 보게 해주겠다는 매도인의 구두 약속을 취소당했다. 그래서 이번에는 잔금일에 인테리어 시공이 바로 시작될 수 있도록 집을 미리 보여 달라는 특약을 계약서에 써두고 왔다.

◇ D-55일 (2022년 5월)

A 은행에서 대출 상담을 받고 왔다. KB시세가 크게 변동이 없는 때라 대출은 너무 이르지도 너무 늦지도 않게 신청하기로 했다. 대신 후회가 남지 않도록 금리를 꼼꼼히 비교하자는 것이 내가 세운 이번 대출의 미션이다. (첫 집을 매도한 지 3년이 지나지 않았으니 중도상환수수료도 물어야 한다!) 그래도 이번 주 안에는 대출 신청을 완료해서 서류 보완 요청에도 대비할 시간을 확보해 두어야 한다.

내일은 B 은행에 방문해 대출 금리를 알아보고 대출상담사에게도 문의해 봐야지. 미리 어떤 서류가 필요한지도 물어보고 준비해야겠다.

◇ D-DAY (2022년 7월)

드디어 첫 집을 팔고 이사를 마쳤다! 대출상담사에게 서류를 제출하고 오늘이 오기까지, 새집에 무사히 잔금을 치를 수 있기만을 목 빠지게 기다렸다. 기쁨 반, 아쉬움 반. 그렇게 첫 집을 무사히 매도하고 매수자에게 받은 잔금과 이삿짐을 이끌고 이제는 나의 새로운 보금자리가 될 곳의 공인중개소로 넘어왔다.

은행에서 나온 법무사가 공인중개소에서 먼저 우리를 반겨주니 한결 마음이 놓였다. 그가 없었더라면 매도인이 넘겨준 소유권 이전 관련 서류와 대출금을 실행해도 좋을지 여부를 은행이 쉽게 확인해 주지 못했을 것이다. 소유권 이전에 문제가 없다는 것이 확인된 뒤 은행에서는 대출 실행 문자를 보내주었고, 그에 맞춰 우리 통장에 들어 있던 나머지 잔금을 송금한 뒤 새집의 도어록 키를 받을 수 있었다. 법무사에게 소유권이전등기까지 의뢰한 덕분에 마음 편히 새집에 입성할 수 있었다!

그래도 이번 집은 은행보다 내 지분이 더 크지 않을까? 엷은 웃음이 지어진다. 오늘 밤에는 잠이 참 잘 올 것 같다.

일반 매매계약 시 중도금대출

분양(청약)이 아닌 일반 매매계약을 할 때도 중도금대출이 가능합니다. 은행에 따라 중도금대출 상품을 만들어놓은 경우가 있습니다. 중도금대출 한도는 잔금대출과 마찬가지로 지역별 LTV와 DTI에 따르며, DSR 40% 규정도 만족시켜야 합니다. (LTV, DTI, DSR 한도를 가득 채워 중도금대출을 받았으면, 잔금대출을 또 받지는 못 합니다.)

다만 잔금대출과 다른 것이 하나 있습니다. 대출은 매수인이 하지만 담보는 현재 소유자인 매도인이 제공한다는 것입니다. 이 경우 매도인이 은행에 제출해야 할 서류가 많습니다. 인감증명과 주민등록등·초본, 신분증, 등기권리증 등입니다. 매도인으로서는 다소 번거로운 일이기에 계약서에 서명을 한 뒤 이 서류를 챙겨 달라고 하면 굳이 해주고 싶어 하지 않는 경우가 있습니다. 따라서 매매 시에는 자금 계획을 확실하게 세우고, 중도금대출을 받을 예정이라면 이 내용을 계약서 특약에 써두는 것이 좋습니다.

매매계약서 작성 시 확인 사항

공인중개소에서 매매계약서를 작성할 때는 등기사항전부증명서(대법원 인터넷등기소 홈페이지에서 부동산 등기 열람 시 등기기록 유형을 '전부'로 선택)를 꼼꼼히 살펴야 합니다. 등기사항전부증명서로는 해당 부동산에 가압류나 가처분, 세금 미납 내역이 있는지를 꼼꼼히 들여다봅니다. 이 건들은 잔금 당일에 말소되어서도 안 되고, 대출 실행일보다 이전에 말소되어야지만 대출 실행이 가능합니다. 근저당이 있다면 내가 낸 잔금으로 이를 말소할 수 있는지도 꼭 확인해 봐야 합니다.

계약금 등을 송금할 때는 반드시 매도인(소유주) 본인 계좌에 해야 하며, 매도인이 대리인 계좌를 고수할 때는 계약 파기까지도 고려해 봐야 합니다. 매도인이 계약금을 받고 갑자기 잠적하거나 집을 빼주지 못한다고 하는 등 문제가 발생했을 때, 매수인은 자신이 해당 부동산을 거래하기 위해 입금한 내역을 증빙해야 합니다.

그런데 집의 소유주와 입금한 계좌의 명의가 다르면, 매수를 위해 돈을 송금한 것을 증명하기가 상당히 어렵습니다.

혹시나 잔금일이 바뀔 수도 있는 상황이라면 계약서 특약에 '잔금일을 미루거나 앞당길 수 있음'이라고 명시해 둡니다. 한편 중도금이 들어온 뒤에는 계약을 파기할 수 없습니다. [중도금 입금 전에는 배액배상(계약금의 두 배를 물어주는 것) 조건으로 계약을 파기할 수 있습니다.] 특히 집값 상승기에는 중도금 날짜를 신중하게 선택해야 합니다.

7장

월세 투자자가
가장 궁금해하는
비주택담보대출 전략 5

개인·개인사업자·법인사업자 명의에 따라 대출 한도가 다른가요?

요즘은 주택과 관련한 대출 및 세금 규제가 워낙 심해졌습니다. 그러다 보니 비주택 투자로 눈길을 돌리는 분들이 늘었습니다. 사실 규제 여부를 떠나서 '안정적이고 고정적인 월세'를 받는다는 것은 누구에게나 꿈만 같은 일입니다. '그래, 이번 달 25일이면 월세가 들어오지!' 하고 '믿는 구석' 하나를 만들어둔다면, 나를 괴롭히는 직장 스트레스나 사업 고민에서 벗어나 한결 홀가분한 삶을 살 수 있겠지요.

그런데 상가, 꼬마빌딩, 오피스텔, 지식산업센터, 토지 등 비주택에 가계대출로 투자하는 것이 최근에는 조금 까다로워졌습니다. 2022년 7월 1일부터 가계대출 총량이 1억원을 초과하는 순간 'DSR 40%' 규제가 발동하기 때문입니다. 그뿐만 아니라 전·월세 수입을 '개인'에게서 받는 주택 투자와는 달리 '사업자'에게서 세를 받는 비주택 투자는 임대사업자등록을 꼭 해야만 합니다. (임대인이 먼저 나서서 임대사업자 등록을 하지 않아도, 임차인이 가게를 운영하는 등의 사업자라면 세무서에서 자동으로 임대사업자 등록을 해줍니다.)

　　따라서 비주택 투자를 할 때는 명의를 확실히 구분하는 것이 중요합니다. 내가 '개인'으로 대출을 받을지, '개인사업자대출'을 받을지, '법인사업자대출'을 받을지에 따라 최대한으로 받을 수 있는 대출 한도가 달라지기 때문입니다. (사업자대출은 DSR을 따지지 않습니다.)

　　'개인' 명의로 받는 비주택담보대출은 오피스텔(361p)과 지식산업센터(369p), 토지(373p)에서 각각 자세히 다루겠습니다. 여기서는 상가나 꼬마빌딩 등에 투자할 때 가장 보편적으로 이용하는 대출인 '개인사업자대출'과 '법인사업자대출'부터 알아보겠습니다.

사업자대출 구분

개인사업자대출

월세 받는 임대사업자대출
자가 운영 위한 시설자금대출

법인사업자대출

기존 법인대출
신규 법인대출

    먼저 '개인사업자대출'은 크게 두 가지로 나뉩니다. 월세를 받기 위한 '임대사업자대출'과 자가 사업을 운영하기 위한 '시설자금대출'이 그것입니다. 임대사업자대출은 말 그대로 월세를 받을 목적으로 부동산을 매수할 때 빌리는 대출입니다. 한편 시설자금대출은 미용실, 학원, 편의점, 치킨집 등의 소상공인들이 자신의 사업장을 직접 운영할 목적으로 부동산을 매수할 때 받을 수 있는 대출입니다.

    저는 특히 소상공인들에게 시설자금대출을 많이 권하는 편입니다. 제 지인 중에는 30년째 한자리에서 약국을 운영하던 분이 있었습니다. 어느 날 제가 약사님에게 물었습니다. "약사님, 약국 임대로 운영하세요? 자가로 운영하세요?" 저로서는 당연히 "자가"라는 답변이 돌아올 줄 알고 물었던 질문이지만, 안타깝게도 그분은

30년 동안 다달이 월세를 내고 있었습니다. 약국 운영이 잘되었기에 30년 동안 자리를 한 번도 옮기지 않았을 텐데, 차라리 월세보다는 상가를 매수한 뒤 이자를 부담하는 것이었다면 어땠을까 하는 상상을 해보았습니다.

"월세도 벅찬데 이 상가를 사라고요? 제가 할 수 있을까요?" 월세가 비싸기 때문에 아예 대출 레버리지를 일으켜 매수하는 방법을 더욱 추천하는 것입니다. 매출로 그 비싼 월세를 감당할 수 있는 수준이라면, 시설자금대출의 이자도 충분히 감당할 수 있을 것입니다. 또한 부동산 상승기에는 상가의 시세 차익도 기대할 수 있으니 자산 증식도 가능합니다. 무엇보다 정부는 소상공인들을 위한 제도적 혜택을 적극적으로 내놓고 있습니다. 이에 직접 매장을 차리기 위함이라면, 임대사업자보다 한도도 더 많이 받을 수 있고, 금리 감면 혜택까지 누릴 수 있는 것이죠.

한편 임대사업을 목적으로 개인사업자대출을 받는다면, 지역에 상관없이 LTV 한도는 감정가(354p)의 60~80%까지 나옵니다. (대부분 60%입니다.) 다만, 이것이 최종 한도는 아닙니다. LTV에서 '상가소액임차인 최우선변제금(Plus Check에서 자세히 다룸)'을 뺀 금액이 최종적으로 대출받을 수 있는 금액입니다. 상가소액임차인 최우선공제란 주택담보대출에서의 방공제(200p)와 유사한 개념입니다. 은행에서는 행여 담보물이 경매로 넘어갈 상황에 대비해, 임차인을 위한 최우선(최소한)의 변제금을 미리 공제한 뒤 대출금을 내어주고 있습니다.

하지만 개인사업자가 비주택에 투자할 때는 상가소액임차인 최우선변제금만큼 중요하게 여겨야 하는 개념이 하나 더 있습니다. 바로 'RTI(Rent To Interest)'라고 부르는 '임대업이자상환비율'입니다. 쉽게 말해 RTI란, 임대인이 임대수익으로 대출 이자를 어느 정도까지 감당할 수 있는지를 따지는 지표입니다. 주택담보대출에서 DSR이나 DTI(174p)를 보는 것과 유사한 개념입니다.

즉, '연간 임대소득'을 '연간 이자비용'으로 나눠서 산출하는 것인데, RTI를 계산하는 복잡한 공식까지는 굳이 알아두지 않아도 괜찮습니다. 그저 단순하게 '월세 50~60만 원당 RTI 한도 약 1억 원씩 사업자대출이 가능하다'라는 사실만 기억해도 충분합니다. 이를 바탕으로 나의 최종 대출 한도를 역산해 보면 다음과 같습니다. (자가 운영을 위한 시설자금대출은 RTI를 보지 않습니다.)

개인사업자대출 RTI 한도
= 월세 × 180~200

최근에는 코로나로 인해 핵심 상권에서도 상가 공실이 늘었습니다. 여기저기 '임대' 종이가 붙은 상가를 어렵지 않게 볼 수 있습니다. 전 세계적인 고금리 기조에 이자 부담까지 늘면서 RTI에 따른 대출 한도에도 비상이 걸렸습니다. 줄어든 월세 수익과 늘어난 대출 이자가 연달아 RTI에 직격탄을 날렸기 때문입니다. "차라리 공실로 두면 됐지, 월세는 절대 못 깎겠다"라는 임대인이 나오는 것도 월세에 따라 대출 한도(RTI)가 결정되기 때문입니다.

이럴 때는 개인사업자보다 법인사업자가 더 유리할 수 있습니다. 법인사업자의 경우 RTI를 보지 않기 때문입니다. 특히 재개발 구역의 상가처럼 월세가 극히 적은 곳에 투자할 때는, RTI를 보지 않는 법인사업자대출을 받는 게 한도를 높이는 방법입니다.

다만 법인사업자도 재무제표를 잘 관리해야 한도를 끌어올릴 수 있습니다. 간혹 세금을 줄이기 위해 비용을 늘리면서 '마이너스 법인'을 만드는 분들도 있는데요. '마이너스 법인'이라면 대출이 거의 불가능합니다. 차라리 재무제표가 깨끗한 신규법인이 더 유리할 수 있는 것이죠. 담보 물건만 확실하다면 신규법인도 어렵지 않게 대출을 받을 수 있습니다. 하지만 신규법인은 재정을 판단할 근거가 빈약한 만큼, 대표자 개인의 신용과 재산 상태를 중요하게 따집니다. 은행에 따라서는 법인 대표에게 연대보증을 요구하기도 합니다.

　그럼 법인사업자대출로는 한도가 얼마까지 나올까요? 보통 법인사업자는 감정가의 60~80% 선에서 상가소액임차인 최우선변제금을 뺀 금액만큼 한도가 발생합니다. 대출 한도는 개인사업자와 법인사업자가 비슷해 보이지만, 심사를 해보면 법인이 조금 유리한 경우가 많습니다.

개인사업자대출(임대사업자) 한도
= 감정가 × 60~80% − 상가소액임차인 최우선변제금
(but, RTI 한도 이내)

법인사업자대출 한도
= 감정가 × 60~80% − 상가소액임차인 최우선변제금

*2022년 8월 기준　*은행별 감정가, 은행원의 성향에 따라 최종 대출 한도는 다를 수 있음

　다만 법인사업자든 개인사업자든 사업자대출을 받을 때는 은행원의 재량이 중요합니다. 사업자대출에 적극적으로 협조하는 실무자나 은행 지점을 만나면 대출 한도가 70%까지 무리 없이 나올 수도 있지만, 사업자대출에 소극적인 지점을 만나면 대출 한도가 50%까지 줄어드는 경우도 있습니다. 반면 건물의 감정가를 산출할

때는 건물의 가치에 제세공과금이나 감리비, 건물의 가치를 상승시키는 데 들어가는 비용 등 기타 비용을 포함시킬 수 있습니다. 아무래도 건물 하나만을 놓고 감정가를 받을 때보다 대출 한도를 높일 수 있습니다. 이때는 은행에서 요구하는 서류를 빠짐없이 제출하고, 나와 이야기가 잘 통하는 실무자를 찾는 과정도 꼭 필요합니다.

간혹 은행에서는 LTV를 계산하며 "신용이 5% 정도는 발생할 것 같습니다"라는 이야기를 하기도 합니다. 담보 물건으로 받을 수 있는 사업자대출이 담보 가치의 한도를 벗어났을 때, 신용을 포함해서 대출금을 더 준다는 뜻입니다. 이 경우 신용이 발생한 부분만큼은 금리가 높아질 수 있습니다. 하지만 신용으로라도 대출 한도가 더 나올 수 있다는 점은 고무적입니다. 이때는 대표자나 그 가족들이 소유한 아파트 등을 공동 담보로 제공하면 신용이 아닌 담보로 인정되기 때문에 금리를 훨씬 낮출 수 있습니다. 따라서 대출 한도는 만족할 만큼 잘 나왔는데, 금리가 약간 높다면 은행에 어떻게 하면 한도를 낮출 수 있을지 적극적으로 물어봐야 합니다. "공동 담보를 제공하면 금리가 낮아지나요?"라고 먼저 묻는다면 은행에서도 대화가 통하는 고객을 만났으니 응대하기가 훨씬 수월하겠지요.

이처럼 사업자대출은 개인대출에 비해 여러 면에서 유리합니다. 그래서 한때는 너도나도 법인을 세우고 '주택 채수 늘리기 투자'가 유행하던 시절도 있었습니다. 투기과열지구에서는 무주택자와 1주택자에게만 LTV 한도가 나왔는데, 법인으로 매수하면 다주택자도 LTV 한도가 80%까지 가능했기 때문입니다.

하지만 2020년 '6·17 대책'이라는 강력한 규제 정책이 발표되면서, 이제 법인사업자는 전 지역에서 매매잔금으로 주택담보대출을 받을 수 없습니다. 개인사업자대출도 마찬가지입니다. '6·17 대책' 이후 현재까지 개인사업자는 임대 목적으로 매매잔금 주택담보대출을 받을 수 없습니다. 주택을 매수할 때는 법인사업자든, 개인사업자든 사업자대출이 불가능하고, 개인 명의(가계대출)로만 담보 대출을 받을 수 있는 것입니다. 이는 2022년 8월 현재까지도 유지되고 있으니, 주택을 매수할 때 대출은 사업자보다 개인 명의가 유리하다는 것을 기억하시기 바랍니다.

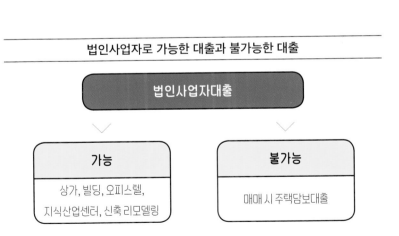

법인사업자로 가능한 대출과 불가능한 대출

법인사업자대출

가능	불가능
상가, 빌딩, 오피스텔, 지식산업센터, 신축 리모델링	매매 시 주택담보대출

상가소액임차인 최우선변제

상가 등이 경매로 넘어갈 때를 대비해 은행에서 임차인에게 돌려줄 보증금을 최우선으로 공제한 뒤 대출 한도를 설정하는 제도입니다. 매수할 당시에 임차인이 들어 있지 않아도 은행은 다음 표에 제시된 금액만큼을 공제한 뒤 대출 한도를 내줍니다.

상가소액임차인 최우선변제금(2022년 8월 기준)

지역	최우선변제금
서울특별시	2200만 원
수도권정비계획법에 따른 과밀억제권역(서울특별시 제외)	1900만 원
광역시(수도권정비계획법에 따른 과밀억제권역에 포함된 지역과 군지역은 제외) 및 안산시, 용인시, 김포시, 광주시	1300만 원
그 밖의 지역	1000만 원

개인사업자나 법인사업자 되는 법

직장에서 벗어나 창업도 꿈꾸고, 월급 이외의 다른 파이프라인을 만들고 싶어 하는 분들이 많습니다. 그럴 때 월세 수익이 나는 상가를 매수하거나, 퇴사 후 직접 운영할 가게 자리를 미리 사두겠다는 야심 찬 목표가 있으면, 고단한 직장 생활에도 활력이 생기겠지요.

그런데 개인사업자가 되는 게 좋을까요? 법인사업자가 되는 게 좋을까요? 각각의 장단점을 간략히 소개해 보겠습니다.

우선 개인사업자는 등록하기도 쉽고 폐업하기도 쉽습니다. 등록할 때는 사업 개시일 전 또는 사업을 시작한 날로부터 20일 이내에 서류를 갖추고 관할세무서에 방문하거나 국세청 홈택스 홈페이지(www.hometax.go.kr)를 통해 신청하면 됩니다. 폐업할 때 역시 국세청 홈페이지에서 「폐업신고서」를 다운받아서 작성한 후 사업자등록증을 첨부해 관할세무서나 홈택스를 통해 제출합니다.

하지만 법인사업자를 등록하는 과정은 조금 번거롭습니다. 회사의 필수정보를 결정하고, 정관을 작성해야 하며, 등록면허세를 납부한 뒤, 법인설립등기 신청을 해야 사업자등록을 할 수 있는 것이죠. (마찬가지로 관할세무서나 홈페이지에서 법인사업자 등록을 신청합니다.) 폐업할 때도 법인 청산 절차라는 것을 밟아야 합니다.

개인적으로는 규모가 작고 월세를 많이 받는 상가라면 개인사업자 명의도 좋다고 봅니다. (단, 상가의 가치가 크게 올라서 세금을 많이 내야 하는 상황에서는 법인사업자가 유리할 수 있습니다.) 하지만 매수하려는 상가의 월세가 적어서 RTI가 걱정된다거나 30억 원 이상 고가의 물건을 매수하는 경우라면 대출 한도상 법인사업자로 등록하는 게 유리할 수 있습니다. 또한 나의 소득 수준이 너무 높아서 소득세가 많이 나오는 경우에도 법인사업자가 유리합니다.

이처럼 개인사업자와 법인사업자를 고민한다면 절차의 번거로움, 대출 한도, 세금 등을 충분히 고려한 뒤 명의를 결정하는 것이 좋습니다. 한 번 상가를 매수하고 등기를 치면 명의를 바꾸지 못하기 때문에(명의 변경을 하려면 취득세를 다시 내는 방법밖에 없습니다) 대출은 물론 세금까지 꼼꼼히 따져서 선택하시길 바랍니다.

상가나 꼬마빌딩에 투자할 때는 감정가가 중요한가요?

상가나 꼬마빌딩에는 '시세'라는 게 없습니다. 우리가 사는 주택에는 KB시세라는 명확한 기준이 있지만, 상가나 꼬마빌딩은 거래 사례가 흔치 않고 누가 감정을 내렸느냐에 따라서 감정가도 천차만별로 달라집니다. 따라서 상가나 꼬마빌딩에 투자할 때의 핵심은, 첫째 '적정한 가격에 매수했는가', 둘째 '감정을 많이 해주는 은행을 만났는가'로 요약할 수 있습니다.

먼저, '적정한 가격에 매수했는가'는 어떻게 판단할 수 있을까요? 이를 알아보기 위해서는 손품을 잘 팔아야 합니다. 특히 수익형 부동산은 적은 돈으로 매수할 수 있는 물건이 아니기에 충분히 시간을 두고 공부해야 하는 상품입니다. 다음의 표는 상가나 수익형 부동산을 매수할 때 참고하면 좋은 사이트입니다. '도대체 이 주변의 건물들은 얼마에 거래되고 있는지', '매도자가 부르는 호가가 이 건물의 적정 가격이 맞는지'를 판단할 때 유용하게 활용할 수 있습니다.

상가, 꼬마빌딩 거래 시 도움 되는 사이트

구분	사이트명	주소
실거래가 확인	디스코	www.disco.re
	밸류맵	www.valueupmap.com
	부동산플래닛	www.bdsplanet.com
감정가 확인	랜드바이저	www.landvisor.net
	밸류쇼핑	www.valueshopping.land

그렇게 손품을 팔아 매수를 한 다음에는 '감정을 많이 해주는 은행'을 만나야 합니다. 사실 상가나 꼬마빌딩의 감정가는 은행마다 제각각입니다. 그러니 '어느 은행에서 감정을 제일 많이 해주느

냐'에 따라 최대 대출 한도도 달라집니다. 이는 직접 발품을 팔아야만 알 수 있는 영역이니, 이 책에서는 어떤 기준에 따라 은행이 감정가를 판단하는지 살펴보겠습니다.

수익형 부동산의 감정가

1. 원가접근법	2. 소득접근법	3. 비교접근법
감정평가기관의 감정 공시가격의 약 150%	임대수익률로 환산	거래 사례 분석 (인근 낙찰률 등)

은행은 세 가지 방법으로 물건의 감정가를 판단합니다. 첫째는 원가접근법입니다. 감정평가기관에서 나와 해당 물건의 가치를 평가해주는 방법입니다. 통상 공시가격의 150% 수준에서 감정가가 책정된다는 걸 염두에 두길 바랍니다. 둘째는 소득접근법입니다. 임대수익률로 환산해 '저 물건은 월세가 얼마니까, 가치는 얼마나 될 거야' 하고 계산하는 방법입니다. 보통 원가접근법에 소득접근법을 고려하여 감정가를 매긴다고 볼 수 있습니다. 셋째는 비교접근법입니다. 이는 은행에서 부수적으로 확인하는 방법으로, 경매낙찰가율이 낮으면 부실이 날 확률이 높다는 식으로 거래 사

례를 분석해 건물의 가치를 판단합니다.

우리가 수익형 부동산을 매수하면서 대출받는 가장 큰 이유는 '수익률' 때문입니다. 1장에서도 다루었지만, 월세가 같은 건물에서도 대출을 얼마나 받았느냐에 따라 수익률은 두 배 가까이 차이가 날 수도 있습니다. 그런데 바로 그 대출 한도가 은행마다 천차만별인 감정가에 따라서 결정된다는 게 핵심입니다. 은행을 잘 골라야 하는 이유가 바로 여기에 있습니다. 그렇기에 '왜 이렇게 대출 한도가 낮지?' 하고 의심이 든다면, 감정가가 낮기 때문이라는 것을 짐작하고, 다른 은행에도 적극적으로 방문해 상담을 해보는 것이 좋습니다.

그런데 계약도 하기 전에 은행을 찾는 분들이 있습니다. 이는 순서가 조금 잘못된 방법입니다. 물론 매수자의 입장에서는 대출이 얼마나 가능한지도 모르고 물건을 덜컥 매수하기가 어렵습니다. 하지만 은행은 고객이 매수도 하지 않은 물건에 감정평가사를 내보내기가 쉽지 않고, 단순히 호기심을 채우기 위해 상담을 요청하는 분들도 많아서 건건이 시간과 인력을 쓰기가 힘듭니다. 더욱이 계약을 하지도 않은 고객에게 최대한의 대출 한도를 불러줄 수도 없는 노릇입니다. 행여 고객에게 "8억 원까지 대출이 가능합니다"하고 말했다가 고객이 덜컥 계약하고 온 후에, 감정가가 낮게 나오거나 개인이나 법인사업자의 신용도가 매우 나쁘게 평가되면 "6억 원도 힘드네요"하고 번복할 수밖에 없기 때문입니다. 은행원은 이런 리스크를 절대 감수하고 싶어 하지 않습니다.

그러니 "보수적으로 매매 가격에 50~60%를 예상하시고, 계약하고 오시면 정확한 한도를 최대한으로 뽑아드리겠습니다"하고 안내할 수밖에 없는 것입니다. 은행의 사정이 어떻게 바뀔지도 모르고, 규제가 또 언제 생길지도 모르니 함부로 속단할 수 없는 것입니다. 다만 기존 거래 고객이거나 매수 직전에 모든 자료(월세 등의 임차 내역과 월세보증금, 건물 주소, 매매가 등 구체적인 서류)를 지참해서 방문한 고객에게는 조금 더 세부적으로 상담을 해줍니다.

개인적으로는 수익형 부동산에 투자하려면 적어도 내 자금이 30% 이상은 있어야 한다고 생각합니다. 즉, 약 70%는 대출로 충당할 수 있습니다. 다만 이때의 70%는 매매 가격이 아닌 감정가를 기준으로 한다는 점을 명심해야 합니다. 그래도 다행인 점은 건물의 감정 가격 이외에 리모델링(단순한 인테리어가 아닌 건물 자체의 가치를 상승시키는 일)에 드는 공사비나 취득세 등 제세공과금까지 포함시켜 대출 한도를 받을 수 있다는 점입니다.

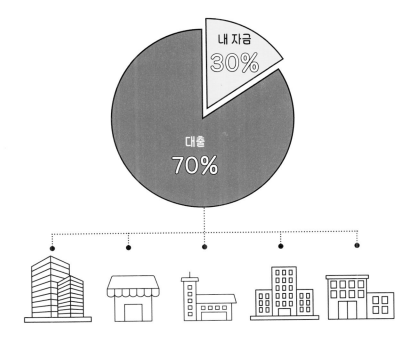

　그러나 금리 인상기에는 수익률이 내려가기 마련입니다. 따라서 대출 금리보다 수익률이 낮다는 판단이 들 때에는, 굳이 대출을 많이 받아가면서까지 수익형 부동산에 투자하는 건 바람직하지 않습니다.

　더불어 상가나 꼬마빌딩 중에는 대출이 불가능한 물건도 있습니다. 가령 101호와 102호를 터서 음식점을 하는 상가가 있는데, 이 중 101호만 매수한다면 대출이 불가능한 것이죠. 또한 동대문 패션타운과 같이 오픈형 상가 역시 상가의 벽체가 없어서 대출을 받기가 어렵습니다. 그러니 수익형 부동산을 매수하기 전에는 감정가는 물론이고 이것저것 꼼꼼하게 따져봐야 합니다.

Plus Check!

상가주택의 대출 한도

건축물 가운데는 '상가주택'이라는 것도 있습니다. 1~2층은 상가로 쓰고 3~4층은 주택으로 쓰는 등 상가와 주택이 섞인 형태입니다. 흔히 신도시의 카페거리나 먹자골목을 연상할 수 있습니다. 그런데 이 상가주택을 '상가'로 봐야 할까요? '주택'으로 봐야 할까요? 주택으로 분류된다면 대출받기가 영 쉽지 않을 텐데요.

주택과 상가의 비중에 따라 대출 한도도 달라집니다. 자세한 사항은 건별로 은행에 직접 문의해야 알 수 있지만, 통상 상가의 비중이 50%를 넘는다면 대출이 불가능하지는 않습니다. 특히 요즘에는 매수인이 원활하게 대출받을 수 있도록 매도인이 직접 용도 변경을 하는 조건으로 매매 계약을 맺는 경우도 늘었습니다. 이럴 때는 계약서 특약에 다음의 문구를 반드시 넣는 것이 좋습니다.

'매수인의 요청에 의해 근린생활시설(상가)로 용도 변경 후 잔금을 이행한다.'

그러므로 상가주택만큼은 적극적으로 협조하는 매도인을 만나는 게 중요합니다. 단, 세금 부분에 관해서는 대출과 별도로 검토가 필요합니다.

오피스텔 대출에도
전략이 있나요?

서울 양천구에는 목동현대하이페리온Ⅱ라는 단지가 있습니다. 이
단지에는 아파트동과 오피스텔동이 구분되어 있는데요. 2022년
8월 기준 목동현대하이페리온Ⅱ의 아파트동은 모든 평형에서 KB
시세가 15억 원을 넘었습니다. 2022년 8월 1일부터 시행된 생애최
초 주택구매자 대출(최대 한도 6억 원)을 받지 않는 한 주택담보대출
을 일으킬 수 없는 단지입니다.

그런데 오피스텔은 다릅니다. 흔히 '아파텔'이라고 불리는 '주

목동현대하이페리온 II 아파트(위)와 오피스텔 KB시세

거형 오피스텔'일지라도 오피스텔은 대출에서 '주택'으로 분류되지 않습니다. 따라서 투기과열지구 내 15억 원 초과 아파트에 적용되는 주택담보대출 금지 규제(생애최초 주택구매자 대출은 제외)가 아파텔에는 적용되지 않는 것입니다. 그러니 목동현대하이페리온Ⅱ의 오피스텔동에서는 KB시세가 15억 원을 넘더라도 대출을 받을 수 있습니다. 또 주택 수를 따지지 않기 때문에 다주택자도 대출이 가능합니다. 단, 주택담보대출이 아닌 비주택담보대출로 말이죠.

그렇기에 오피스텔 대출이야말로 '명의'가 중요합니다.

오피스텔 취득 방법

개인 매매
(가계대출)

개인사업자로 매수
(임대사업자, 자가운영 사업자)

법인사업자로 매수

오피스텔 분양

우선 개인 명의로 매수하는 경우입니다. 주로 직접 실거주하려는 분들이 선택하는 방법입니다. 오피스텔 대출은 은행별로 지역에 따라 LTV가 정해져 있지만, 일반적으로 KB시세 하한가(또는 감정가)의 70%까지 가능합니다. 하지만 고소득자가 아니고서는 이 한도를 가득 채워서 받기가 어렵습니다. 아니, 좀 더 직설적으로 말하자면 1억 원을 받기도 힘이 듭니다. 2022년 7월부터 가계대출 총량이 1억 원을 넘을 때 'DSR 40%' 규제가 발동하기 때문입니다.

DSR 규제로 인해 개인 명의로 오피스텔을 매수하기가 무척 어려워졌습니다. 오피스텔은 주택이 아니라서 대출 또한 비주택 담보대출을 받아야 하는데요. 비주택담보대출은 DSR을 계산할 때 만기가 8년입니다. (실제로 오피스텔 대출은 1~3년 만기 상품을 계속 연장하는 방식으로 이용합니다.) 우리는 앞서 3장에서도 신용대출(만기 5년으로 계산)이 DSR에 얼마나 큰 영향을 미치는지 배웠습니다. 비주택담보대출도 마찬가지입니다. 같은 금액을 빌려도 만기가 30~40년인 주택담보대출보다 DSR에는 훨씬 더 치명적입니다.

예를 들어보겠습니다. 고길동 씨는 KB시세 하한가가 5억원인 오피스텔에 LTV 70% 한도를 가득 채워서 3억 5000만원을 대출받고자 합니다. 고길동 씨의 연소득은 5000만 원이고, 연 금리는 4%로 계산하겠습니다. 고길동 씨는 3년 만기 대출 상품을 이용할 계획이지만, 비주택담보대출에 공통으로 적용되는 대출 기간인 8년 (96개월)을 DSR 계산기에 입력하겠습니다.

고길동 씨는 기존 부채가 하나도 없는 데도, DSR이 102.39% 까지 나옵니다. (같은 금액을 만기 30년의 주택담보대출로 빌리면 DSR이 40.1%입니다.) DSR이 40%를 넘어섰기에 당연히 대출은 불가능합니다. 더욱이 오피스텔 대출과 같은 비주택담보대출은 주택담보대출

[출처: http://부동산계산기.com]

과 달라서 부부 합산 소득을 인정받을 수도 없습니다. [고길동 씨는 오피스텔을 담보로 1억 3000만 원(DSR 38.03%)까지 비주택담보대출을 받을 수 있지만, 이후에는 다른 대출을 전혀 받을 수 없습니다.]

오피스텔에 세를 주고 있다면 전세퇴거자금대출을 받을 때도 상당히 난감하겠지요? 그렇기에 전세를 놓을 계획이라면 더더욱 사업자대출이 유리합니다.

먼저 개인사업자대출(임대사업자대출)부터 살펴보겠습니다. 개인사업자대출은 LTV 70~80%에서, 소액임차인 최우선변제금(주택 200p, 상가 352p 참고)을 떼고 난 뒤에 최종 한도가 결정됩니다. 단, 다른 비주택담보대출처럼 월세 수입에 따른 RTI(347p)까지 충족시켜야 최대 한도를 받을 수 있습니다.

개인사업자(임대사업자) 오피스텔 대출 한도
= 감정가 또는 KB시세 하한가 × 70% - 소액임차인 최우선변제금
(but, RTI 한도 이내)

*2022년 8월 기준
*은행별 감정가, 은행원의 성향에 따라 최종 대출 한도는 다름
*임차인이 전입신고를 한 경우라면 '주택소액임차보증금'을,
임차인이 사업자등록을 한 경우라면 '상가소액임차인 최우선변제금'을 변제함

그렇다면 법인사업자는 어떨까요? 법인사업자 명의로 오피스텔 대출을 받을 때는 대출이 가능한 은행을 찾는 것이 관건입니다. 은행에 따라서는 법인사업자에게 오피스텔 대출을 허락해 주지 않는 곳도 있기 때문입니다. (법인에게는 '주거 용도'의 모든 대출이 불가능한데, 현재 세입자가 주거를 위해 전입신고를 한 경우라면 이를 '주택'으로 보수적으로 판단하는 은행이 있기 때문입니다.) 그런데 은행에서 대출이 안 된다고 해서 무작정 매수를 포기해야 하는 것도 아닙니다. 대출이 가능한 은행이 있기도 하니, 이런 은행을 찾아서 부지런히 발품을 팔아야 하는 것이죠. 대출이 가능한 은행을 잘 만난다면 법인사업자는 LTV 60~80% 선에서 소액임차인 최우선변제금을 뺀 금액만큼 대출 한도가 결정됩니다. 개인사업자와는 달리 RTI를 따지지 않는 것도 장점입니다.

법인사업자 오피스텔 대출 한도
= 감정가 또는 KB시세 하한가 × 60~80% − 소액임차인 최우선변제금

*2022년 8월 기준
*은행별 감정가, 은행원의 성향에 따라 최종 대출 한도는 다름

한때는 "오지에 지어놔도 완판이 될 것"이라는 이야기가 돌

았을 정도로 오피스텔 분양에 광풍이 분 적도 있습니다. 아파트와 구조는 비슷한데 주택보다 규제가 약하고 중도금대출도 잘 나와서였겠지요. 최근에는 DSR 규제 탓인지 그 열기가 다소 주춤합니다. 하지만 여전히 입지가 좋은 곳에서 분양하는 오피스텔은 인기가 높습니다. 2022년 2월 분양한 힐스테이트청량리메트로블은 고분양가 논란에도 불구하고 평균 경쟁률이 126 대 1을 기록했으니까요.

하지만 분양 열기에 떠밀려 자금 계획도 세우지 않은 채 '묻지마 청약'을 하는 일은 말리고 싶습니다. 거듭 강조하지만 오피스텔은 주택이 아닙니다. 새 아파트 청약에 도전한다고 해서, 오피스텔 청약도 조건이 같으리라고 오판해서는 안 됩니다. 아파트 청약과 오피스텔 청약은 전공 분야가 완전히 다르다고 해도 과언이 아닙니다. 그러니 부동산 초보자일수록 규제를 피해 급하게 투자하지 말고, 차분하게 옥석을 가려 신중한 투자를 하기 바랍니다.

지식산업센터 대출은
어떻게 받아야 유리한가요?

'아파트형 공장'이라는 말을 들어보셨을 것입니다. 지식산업센터가 예전에는 아파트형 공장이라고 불렸습니다. 공장이라고 하니까 컨베이어벨트가 돌아가는 거친 모습이 그려지나요? 사실 지식산업센터는 대부분 깔끔한 사무실의 모습을 보이고 있습니다.

　지식산업센터를 매수할 때도 여러 명의를 이용할 수 있습니다. 먼저, 개인 대출로는 매수를 추천하지 않습니다. 이 역시 'DSR 40%' 규제 때문입니다. 지식산업센터도 오피스텔과 같은 비주택담보대출을 받기에, DSR을 따질 때는 만기를 8년으로 계산합니다. (실제로 지식산업센터 대출은 대부분 만기가 1~3년입니다. 만기 시점에 연장하는 방식으로 대출을 계속 이어갑니다.) 이에 가계대출로는 대출 한도가 거의 나오지 않습니다. 한도가 적은 것에 만족하며 대출을 받는다고 해도, 이 대출로 인해 개인의 DSR이 꽉 차기 때문에 다른 대출을 받기가 힘이 듭니다. 그래서 최근에는 가계대출로 지식산업센터를 매수하지 않는 추세입니다.

반면 개인 명의의 개인사업자대출을 이용할 때는 다른 수익형 부동산보다 유리합니다. 지식산업센터는 월세 수익이 높아서, 임대 수익으로 대출 한도를 제한하는 RTI(347p)를 맞추기가 쉬운 것이지요. LTV 한도 역시 비주택 가운데 가장 높습니다. 감정가의 80%까지 가능합니다. 물론 여기서 상가소액임차인 최우선변제금(352p)을 뺀 금액으로 최종 한도가 결정되지만, 상가보다는 높은 편입니다.

개인사업자(임대사업자) 지식산업센터 대출 한도
= 감정가 × 70~80% − 상가소액임차인 최우선변제금
(but, RTI 한도 이내)

*2022년 8월 기준
*은행별 감정가, 은행원의 성향에 따라 최종 대출 한도는 다름

법인사업자대출 역시 최대 한도는 감정가의 80%입니다. 개인사업자와 마찬가지로 상가소액임차인 최우선변제금을 뺀 금액으로 최종 한도가 정해집니다.

법인사업자 지식산업센터 대출 한도
= 감정가 × 70~80% – 상가소액임차인 최우선변제금

*2022년 8월 기준
*은행별 감정가, 은행원의 성향에 따라 최종 대출 한도는 다름

최근에는 지식산업센터가 '월세 수익형'에서 '시세 차익형' 물건으로 바뀌고 있습니다. 시세 차익을 기대할 수 있게 된 만큼 매매 가격이 오른 대신 상대적으로 월세 수익률은 떨어지는 추세입니다. 2022년 8월 기준, 평균 월세 수익률은 서울 7~8%, 경기도 9~10% 정도 나온다고 합니다. 나의 투자 목적이 '시세 차익'과 '월세 수익' 중에서 어느 쪽에 더 가까운지 파악한 후에 투자를 결정하길 바랍니다.

지식산업센터가 시세 차익형 투자상품이 되면서, 분양도 각광받고 있습니다. 지식산업센터를 분양받을 때는 초기에 드는 계약금(10%) 정도는 현금으로 준비해야 합니다. 이후에는 중도금(보통

분양가의 50%) 전액을 대출받을 수 있고, 건물이 완공되는 시점에는 분양가의 80%까지 잔금대출을 받을 수 있습니다(단, 잔금대출을 받으면 중도금대출금은 상환해야 합니다). 이처럼 분양가의 80%까지 대출로 충당할 수 있으니 '내 돈'은 약 20%(세금까지 포함하면 약 25%)만 있으면 됩니다.

그런데 '내 돈' 20%마저 입주 시점에 임차인에게 받는 보증금으로 해결할 수 있습니다. 또한 입주 시점까지 기다리지 않고 분양권 상태로 프리미엄을 얹어서 매도하는 분들도 늘고 있습니다. 이처럼 지식산업센터는 비교적 적은 투자금으로, 짧은 기간에 수익을 얻을 수 있는 상품입니다.

하지만 지식산업센터에 투자할 때는 투자 시기도 잘 고려해야 합니다. 금리가 상승하는 시기이거나 근처에 지식산업센터가 우후죽순으로 들어오는 시기라면 임차인을 구하기가 어려울 것입니다. 사무실 인구가 줄어들고 있는 지역, 생산 인구가 다른 곳으로 이주하는 지역에서도 훗날 새로운 임차인을 구하기가 힘들 수도 있습니다. 따라서 인구가 유입이 되는 지역과 시기를 잘 선별하는 능력이 필요합니다.

토지 대출을 받을 때
어떤 서류가 필요한가요?

토지 역시 개인 명의로 매수해서 가계대출을 받게 되면 'DSR 40%' 규제로 인해 대출받기가 상당히 어렵습니다. 이 역시 비주택 담보대출이므로, DSR을 계산할 때 만기를 8년으로 잡기 때문입니다. (실제로 토지 대출을 받을 때는 대부분 만기가 1~3년입니다. 이를 계속 연장하는 방식으로 이어갑니다.) 매매 거래 사례가 드물어서 감정가를 잘 받기도 어렵습니다. 사례를 들어 보겠습니다.

고길동 씨는 경기도 양평군의 토지를 10억 원에 매입했습니다.

그런데 은행에서는 이 땅의 감정가를 6억 원으로 평가합니다. 고길동 씨는 왜 이렇게 감정가가 낮은지 은행에 따져 물었습니다. 그러자 은행원은 이렇게 답합니다. "저희도 토지 거래 사례나 경매 낙찰률을 참고해서 감정가를 정하는데, 워낙 낙찰률이 낮은 지역이어서 비교 자료가 없네요. 감정가를 높게 평가하기가 힘들 것 같습니다."

결국 고길동 씨는 감정가 6억 원을 기준으로 책정되는 대출 한도에 만족해야 합니다. 토지는 다른 비주택담보대출과 달라서 지역별로 LTV가 차등 적용됩니다. 지역에 따라 보통 55~70%로 결정되며, 이는 지역과 시기에 따라 은행에서 수시로 조정합니다. 고길동 씨가 대출받을 시점에 양평군의 LTV는 60%였습니다. 고길동 씨는 최대 3억 6000만 원(6억 원×60%)까지 LTV 한도를 받을 수 있습니다.

여기서 끝이 아닙니다. 개인 명의로 토지를 매수했으니 DSR도 따져봐야겠죠. 고길동 씨의 연소득이 5000만 원이라면, 3억 6000만 원(DSR 105.32%)의 토지 대출(비주택담보대출)을 받고서는 DSR을 맞추기가 어렵습니다. 결국 고길동 씨가 손에 쥘 수 있는 최대 한도는 1억 3000만 원(DSR 38.03%)인 셈이지요.

기준일자 입력 ❓ ☑ 초년도 이자 기준 ❓

연소득 ❓ 5000   만원

♠ 본건을 포함, 가지고 계신 모든 대출을 입력하세요.

종류	대출금	대출기간	금리	추가 ➕
기타대출 ▾ 원리금균등 ▾	총액 36000 만원 잔액 36000 만원	총 96 개월 잔여 96 개월	4 %	삭제 ➖

계산 결과 ☑ 순번

계산서 1 📋 📑

#	적요	금액	비고
1	연소득	50,000,000	입력값
2	총대출건수	1	(본건 포함)
3	**대출1**	**360,000,000**	기타대출, 원리금균등분할상환, 금리 4%
4	대출1 잔액	360,000,000	입력값
5	대출1 기간	96개월	전체 기간(잔여 96개월)
6	연원금상환액1	38,966,912	향후 1년간 실제 상환액
7	연이자상환액1	13,690,757	실제 납부이자
8	총 원리금상환액	52,657,669	대출 원금 + 이자 상환액
9	**DSR**	**105.32%**	총 원리금상환액 / 연소득 * 100

[출처: http://부동산계산기.com]

사업자대출에 희망을 걸어볼 수밖에 없습니다. 우선 개인사업자대출로는 감정가의 55~80%까지 LTV를 받을 수 있습니다. 단, 이때는 은행에 미리 해당 토지를 어떤 목적으로 매수했는지에 대한 계획서를 제출해야 합니다. 가장 흔한 방법은 건물의 설계도면과 사업 목적에 맞는 허가권을 제출하는 것입니다. (펜션이나 동물원을 지을 때 사전 허가를 받아야 합니다.) 해당 토지에 건물을 짓겠다고 증빙하는 것인데, 실제로 은행에서 대출 승인이 이루어진다면 훗날 은행에서 요구하는 사후 증빙 자료 또한 착실하게 제출해야 합니다. (법인사업자 토지 대출은 조건의 다양성과 어려움으로 책에서는 생략하겠습니다.)

개인사업자 토지 대출 한도
= 감정가 × 55~80%

*2022년 8월 기준   *은행별 감정가, 은행원의 성향에 따라 최종 대출 한도는 다름

토지 대출은 대부분 농협에서 이루어집니다. 대출 상담을 받을 때는 제1금융권인 농협중앙회와 제2금융권인 지역 농협을 모두 방문할 것을 추천합니다. 은행을 찾아가기에 앞서 정확한 토지 지번을 알아두는 게 중요하고, 참고가 될 만한 자료가 있다면 최대한 가져가는 것이 정확한 상담을 받는 데 도움이 됩니다.

사실 토지는 초보자가 접근하기에 상당히 어려운 상품입니다. 허허벌판에서도 정말로 '오를 땅' 즉, 미래 가치가 충분한 땅을 보는 안목이 중요합니다. 대출 또한 사업 계획을 잘 세워야 가능한 만큼, 토지에 투자할 때는 정말로 이 땅이 나에게 필요한지를 꼼꼼히 따진 후에 사업가의 마인드로 접근하기 바랍니다.

연예인들의 법인 투자,
그것이 알고 싶다!

연예인들이 건물을 매각했다는 소식이 들리면, 그때마다 '대출을 너무 많이 받은 게 아니냐', '연예인 특혜가 아니냐' 하는 의혹이 불거지곤 합니다. 과연 그럴까요? 최근 화제가 된 모 연예인의 투자 사례를 한번 들여다보겠습니다.

유명 배우의 꼬마빌딩 투자법

데뷔 때부터 폭넓은 연기력을 인정받아 온 배우 R. 그가 서울 강남구 역삼동에 있는 지하 2층, 지상 7층짜리 꼬마빌딩과 토지를 150억 원에 매도하면서 화제가 됐습니다. 매도한 금액 자체보다는 그가 얻은 시세 차익과 대출 금액이 집중 조명된 것이죠.

2020년 R 배우는 'D 법인' 명의로 건물과 토지를 매입했습니다. 매입 가격은 58억 원입니다. 그런 다음, 기존에 있던 건물은 철거하고 그 땅에 새로운 건물을 올렸습니다. 이때 건축비로 24억 원이 들었다고 합니다. 건물·토지 매입 가격에 공사비를 합하면 들어간 비용만 대략 82억 원. 이를 150억 원에 매각했다고 하니 시세 차익으로만 68억 원을 얻은 셈입니다.

아직 놀라기에는 이릅니다. D 법인은 대출 레버리지에도 적극적이었습니다. 건물·토지를 매입할 때는 매입가(58억 원)의 90%인 52억 원을 대출받았고, 건축비(24억 원)로도 70%가 넘는 금액인 17억 7600만 원을 대출받았습니다. 즉, 건물·토지를 매수하고 새로 건물을 올리는 데 들어간 총비용이 82억 원(58억 원+24억 원)인데, 그 가운데 69억 7600만 원(52억 원+17억 7600만 원)을 대출금으로 충당했습니다. R 배우(정확히는 D 법인)는 '내 돈' 12억 2400만 원을 들여 건물을 150억 원에 매도했으니, 굉장히 성공적인 투자라고 평가할 수 있습니다.

"아니! 법인사업자는 감정가의 70%까지 대출이 가능하다면서, 너무 특혜를 받은 게 아닌가요?" 이렇게 생각하는 분들도 참 많습니다. 실제로 R 배우는 건물·토지를 매입한 가격의 89.6%를 대출받았습니다. 그런데 우리는 앞서 '감정가'에는 제세공과금과 리모델링 비용 등 기타 비용이 포함될 수 있다고 배웠습니다. D 법인은 감정가에 기타 비용을 포함시키기 위해 서류를 적극적으로 제출했을 것이고, 그런 감정가(67억 원)를 기준으로 계산해 본다면 대출 비율은 77.6% 정도입니다. 충분히 상식적인 선에서 대출을 받았습니다. (R 배우는 공사비 역시 건축자금대출로 약 70%를 충당했습니다.)

언론에 보도된 내용을 참고하면, D 법인은 실적을 잘 관리했다고 합니다. 법인사업자는 반드시 재무제표를 잘 관리해야 한다고 강조한 바 있습니다. 법인 실적이 좋을수록 대출 한도가 늘어나기 때문입니다. 또 이토록 레버리지를 똑똑하게 이용한 것으로 보아, 전문 컨설턴트의 도움도 받았을 것입니다.

물론 D 법인에는 분명 리스크도 존재했습니다. 거액을 대출받은 만큼 이자가 상당했을 것이고(금리 인상기에 수익형 부동산 투자는 더더욱 주의해야 합니다), 투자하기 전 건축물대장과 토지이용계획서를 통해 용적률과 증축 여부, 임차인 현황도 꼼꼼히 살폈을 것입니다. 무엇보다 은행은 아무에게나 돈을 빌려주지 않기 때문에 본인이나 법인의 신용 및 재산 상태도 열심히 노력해서 관리했을 것입니다.

이 사례를 통해서 제가 강조하고 싶은 점이 있습니다. 언론을 뜨겁게 달군 이들의 성공 투자 사례가 비단 연예인들만의 이야기는 아니라는 것입니다. 대출에 대해 열심히 공부하다 보면 레버리지를 다양하게 활용할 수 있는 방법들이 눈에 들어옵니다. 그러다 보면 내 집 한 채에 머무르지 않고 더 큰 투자 수익을 올릴 수 있는 기회에 눈뜰 수 있습니다. 집 한 채는 그저 인플레이션을 헤지(Hedge)하기 위한 수단일 뿐, 자산 증식의 수단이 되기에는 한계가 있으니까요.

우리는 R 배우나 D 법인보다 융통하는 자산이 적을지언정, 수익률을 높이기 위한 방법은 얼마든지 찾아낼 수 있습니다. 연예인들의 투자 소식을 접하며 그저 배 아파할 것이 아니라, 다른 사람들은 어떤 방법으로 투자하는지, 대출을 활용해 얼마만큼의 수익을 내고 있는지, 기사 행간에 숨은 의미를 잘 파악하기 바랍니다. 언젠가 여러분도 기사의 헤드라인을 장식할 건물주가 될지도 모를 일이니까요.

수익형 부동산의
경락잔금대출

"경락잔금대출은 모든 규제에서 예외 아닌가요?" 전혀 아닙니다. 한때는 지식산업센터에 경락잔금대출이 90%까지 나오던 시절도 있었습니다. 하지만 최근에는 경락잔금대출도 일반 매매 계약 시 대출과 크게 다르지 않습니다. 최종 한도를 결정할 때 상가소액임차인 최우선변제금을 공제한다는 것도 동일하고, LTV 한도 역시 낙찰받은 물건이라고 해서 특별히 우대받는 건 없습니다. 그러니 이제부터 '저 이거 경매로 받은 물건인데요?' 하며 대출에서 면죄부를 기대해선 안 됩니다.

◇ 수익형 부동산 경락잔금대출 한도

수익형 부동산을 경매로 매수할 때는 낙찰자 개인의 소득과 신용등급, 기존 부채, 보유 부동산에 따라 대출 한도가 달라집니다. 또 은행 지점의 리스크 관리 방침과 담당자의 재량도 중요하지요.

일반적으로 수익형 부동산의 LTV는 감정가의 60~70%, 낙찰가의 70~80% 선에서 보수적으로 접근하는 게 좋습니다. 본인은 최대 한도를 예상하며 자금 계획을 세웠는데, 은행에서는 주변 경매 낙찰률 등의 이유로 대출 한도를 깎는다면 매우 난감한 상황이 펼쳐지기 때문입니다. 특히 경매 미납사건의 90% 이상은 생각만큼 대출이 나오지 않은(예상과 달리 융통할 돈이 없는) 경우입니다. 그러니 "제가 경매를 낙찰받았는데, 90%까지 대출이 안 나오면 큰일 나요!" 하는 식의 접근은 매우 위험합니다.

◇ 수익형 부동산을 경매할 때의 장점

그래도 수익형 부동산을 경매로 매수할 때 장점은 분명 있습니다. 상가는 특히 유찰되는 경우가 많아서 좀 더 저렴하게 매수할 수 있습니다. 또 본인이 적정 매수가를 판단해서 입찰하는 방식도 합리적입니다(물론 터무니없이 낮은 가격을 바라면 패찰하겠죠?). 그러니 경매의 장점은 최대한 이용하되, 대출에 한해서는 최대한 보수적으로 접근하는 전략을 추천합니다.

◇ 대출상담사에게 도움받기

초보자가 경매에 입찰하기 전 정확한 대출금액을 미리 가늠하기란 쉽지 않은 일입니다. 한 가지 팁을 드리자면, 경매법정에 나온 대출상담사들의 명함을 잘 받아두는 것입니다. 경매를 낙찰받고 그중 한두 명에게 진지한 대출 상담을 받다 보면 정확한 자금 계획을 세울 수 있습니다.

그렇게 친분을 쌓아둔 대출상담사가 있다면, 다음 경매에 입찰할 때도 큰 도움을 받을 수 있습니다. 나의 자산 상황을 잘 알고 있는 대출상담사에게 미리 매각물건의 사건번호, 예상입찰가, 원하는 대출금액 등을 전달해 두면 좀 더 수월하게 예산 계획을 세울 수 있습니다. (단, 낙찰도 안 된 물건에 무조건 최대한의 대출 조건을 기대하는 것은 바람직하지 않습니다.)

대출 후 기억해야 할
전세부터 매매까지 체크리스트

대출을 받고 나서 '이제 다 끝났다!'하고 해방감을 만끽하기에는 아직 이릅니다. 대출은 계속해서 관리해 줘야 하기 때문이지요. 각각의 대출마다 관리 방법은 조금씩 다릅니다. 여기서는 기나긴 대출 여정의 마지막인 대출 사후 관리에 대해 짚어보겠습니다. 다음의 체크리스트는 해당 대출을 실행하고 난 뒤 반드시 지켜야 하는 내용입니다. 앞에서 공부한 내용들을 다시 한번 복습한다는 마음으로 꼼꼼히 살펴보길 바랍니다.

◇ 전세대출 사후 관리 체크리스트

1. '9억원 초과 주택' 또는 '투기과열지구에서 3억원 초과 아파트'를 매수하지 않는다. _____ ☐

2. 1주택자일 때 전세대출을 받았다면, 2주택자가 되지 않는다. _____ ☐

3. 주거사다리 지원 제도를 이용했다면, 내가 매수한 집에 세입자가 살고 있다는 전세계약서를 적극적으로 제출한다. _____ ☐

4. 부득이 약정을 위반했다면, 서둘러 제2금융권 대출을 알아본 뒤 대환한다. _____ ☐

◇ 주택담보대출 사후 관리 체크리스트

1. 1주택자는 2년(2022년 7월 31일 이전에는 6개월) 안에 기존 주택 처분 약정을 지킨다. _____ ☐

2. 생활안정자금대출, 전세퇴거자금대출을 받았다면, 집을 매수하지 않는다(세대원이 집을 살 예정이라면 미리 세대 분리를 한 후에 은행에 주민등록등본을 제출한다). _____ ☐

3. 전입 의무나 실거주 조건이 있는 대출을 실행했다면, 은행에 주민등록등본을 제출해 관련 내용을 증명한다.
_____ ☐

4. 우대 금리가 잘 이행되고 있는지 파악한다. _____ ☐

5. 매달 대출 상환일을 알려주는 문자 서비스를 신청해 대출금이 연체되지 않도록 한다. _____ ☐

6. 중도상환수수료가 사라지는 3년이 지나면, 다른 은행의 대출 금리와 비교해서 더 효율적인 상품을 찾아 대환한다. _____ ☐

◇ 사업자대출 사후 관리 체크리스트

1. 대출금을 전부 상환할 때까지 폐업하지 않는다(사업자 등록을 해지하면 대출금은 전액 회수될 수 있음). ☐

2. 은행에서 증빙 서류를 요구하면 적극적으로 제출한다. ☐

3. 법인사업자는 대출 연장 시점의 재무제표에 따라 연장 조건이 결정되므로, 재무제표를 꾸준히 관리한다.

◇ 신용대출 사후 관리 체크리스트

1. 신용대출을 1억 원 초과해 받았다면, 투기과열지구·조정대상지역에서 1년 동안 주택을 매수하지 않는다. ☐

2. 연장 시점에 소득 등이 올랐다면 금리인하요구권을 사용한다. ☐

대출의 마법

초판 1쇄 발행 2022년 8월 26일
초판 8쇄 발행 2024년 2월 15일

지은이 레오(김은진)
펴낸이 김선식

부사장 김은영
콘텐츠사업본부장 임보윤
기획편집 한다혜 **디자인** 윤유정 **책임마케터** 이고은
콘텐츠사업1팀장 한다혜 **콘텐츠사업1팀** 윤유정, 성기병, 문주연, 조은서
마케팅본부장 권장규 **마케팅2팀** 이고은, 배한진, 양지환 **채널2팀** 권오권
미디어홍보본부장 정명찬 **브랜드관리팀** 안지혜, 오수미, 김은지, 이소영
뉴미디어팀 김민정, 이지은, 홍수경, 서가을, 문윤정, 이예주
크리에이티브팀 임유나, 박지수, 변승주, 김화정, 장세진, 박장미, 박주현
지식교양팀 이수인, 염아라, 석찬미, 김혜원, 백지은
편집관리팀 조세현, 김호주, 백설희 **저작권팀** 한승빈, 이슬, 윤제희
재무관리팀 하미선, 윤이경, 김재경, 이보람, 임혜정
인사총무팀 강미숙, 지석배, 김혜진, 황종원 **제작관리팀** 이소현, 김소영, 김진경, 최완규, 이지우, 박예찬
물류관리팀 김형기, 김선민, 주정훈, 김선진, 한유현, 전태연, 양문현, 이민운

펴낸곳 다산북스 **출판등록** 2005년 12월 23일 제313-2005-00277호
주소 경기도 파주시 회동길 490
전화 02-702-1724 **팩스** 02-703-2219 **이메일** dasanbooks@dasanbooks.com
홈페이지 www.dasan.group **블로그** blog.naver.com/dasan_books
종이 스마일몬스터 **인쇄** 한영문화사 **제본** 한영문화사 **후가공** 평창피앤지

ISBN 979-11-306-9294-4 (03320)

다산북스(DASANBOOKS)는 독자 여러분의 책에 관한 아이디어와 원고 투고를 기쁜 마음으로 기다리고 있습니다.
책 출간을 원하는 아이디어가 있으신 분은 다산북스 홈페이지 '투고원고'란으로 간단한 개요와 취지, 연락처 등을 보내주세요.
머뭇거리지 말고 문을 두드리세요.